# 風沙踏盡

## 絲路先行者的不朽功績

——西出陽關無故人，徒留雪滿天山路

徐光壽，金西源　著

◎ 揭祕古代使者勇闖異域，文化交流的驚心動魄
◎ 記述探險者的奮不顧身，開闢通往世界的路徑
◎ 回顧絲路上的文明碰撞，豐富人類的文化寶庫

絲綢之路上的歷史巨人，從張騫到伯希和的壯闊故事

# 目錄

Contents

# 第一章

## 張騫：通向世界的「鑿空」之旅

「

長長的商隊走過平原，步伐堅定，銀鈴奏鳴。
他們不再追求榮耀和收穫，不再從棕櫚樹環繞的水井中求得平安。

」

葛樂耐（Frantz Grenet）在其《駛向薩馬爾罕的金色旅程（*The Golden Journey to Samarkand*）》中，描繪了一幅通商之路上意境深遠的動人景觀：古道悠悠，一條道路將整個世界展開；瀚海茫茫，一片沙磧將所有的命運隱藏。叮噹……叮噹……清越的駝鈴聲正在久遠的絲綢古道上響起，無數人正踏著滿地蒼茫，走向遠方。

這條溝通世界東西文明的萬里彩虹，這條以絲綢貿易為媒介的交通路線，一八七七年，被德國學者李希霍芬（Ferdinand von Richthofen）命名為「絲綢之路」。回眸遠望，在這條充滿荒涼和悲壯的道路上，許許多多手持使節和文書的使者，在不知疲倦的腳下，鋪開一條如絲綢般絢爛而又悠長的畫卷。

西元前一三八年（建元三年），大地蒼茫，一個渺小的身影在前行，他叫張騫，從長安來，到西方去。

## 一、宏偉藍圖

這是一個動人心魄的故事，兩千年的風雨早已將紛亂的生活埋藏在大地深處，只留下人們艱難前行的足跡，在歷史的車轍中特別醒目。

那時，生活的版圖被匈奴、大月氏、大宛等部落劃分開來，高山、沙漠和戰爭成為阻隔人們與外界交流的屏障，沒有人知道荒山大漠之外那些遠道而來的人們心中所藏的、關於生活和遠方的祕密。

也正是那時，中國逐漸向世界展現出他遼闊的面目，硝煙和戰火，並沒有因為時間的推移而減少，人性的淨化和上升，在久遠的歷史長河裡，永遠是一件緩慢而又艱難的事。

假若我們回顧歷史，便會看到，在和匈奴有關的記載裡，一場「白登之圍」，曾使一代江山一度陷入生死存亡的困境。這個故事，今日講來依舊寒冷。

西元前二〇二年（漢高祖五年），劉邦率三十二萬大軍攻打匈奴，不料卻被冒頓單于率四十萬大軍，圍困在白登山下（今山西大同）。劉邦被圍七天七夜，突圍無果，悲不可言。危難之中，透過用計賄賂冒頓單于的王后閼氏，才免遭滅頂之災。

至於所用之計，司馬遷在《史記．陳丞相世家》中言：「高帝既出，其計祕，世莫得聞。」這裡的代詞「其」，則指當時的謀士陳平。陳平所用之計，司馬遷隻字未提。

那麼高祖被圍之後，四顧茫然，無計可施之時，這位跟隨漢高祖劉邦南征北戰、六次進獻妙計、六次獲得封賞的謀士陳平，到底用了怎樣的計謀，才使得劉邦得以脫離險境呢？

原來，陳平在漢高祖劉邦束手無策之時，暗中派使臣去見了冒頓單于的王后閼氏。使者以貴重的金銀珠寶相贈，又拿出一卷畫軸，請閼氏轉交冒頓單于。這位使臣，史書中並未提及其姓名，但此緊要關頭，臨危受命者，所肩負的使命便非同凡響。我們不難想到，面對重兵強大的壓力和王后閼氏難以猜測的反應，一個大國使者所表現出的謹慎、誠懇乃至卑微。

閼氏收下重金，卻對這一畫軸充滿疑惑，不禁展開畫軸，畫中有一女子，貌美絕倫，不悅。問及原委，才知漢王被圍於白登山下多日，身陷困境，願將漢朝第一美女獻與單于，希望單于退兵。閼氏怒，使者低頭，將目光從宏闊的萬里江山上收回，坦言所處被動之境，外表鎮定但內心不無忐忑。

閼氏思忖再三，讓使者把畫拿回了漢軍中。謀士陳平見此情狀，知閼氏中計。果然，閼氏勸說單于：兩國的君主不應該相互迫害，如今即使單于奪得漢朝的土地，也不能居住，況且漢朝君主也有神靈（相護），希望單于能明察定奪。加之當時單于和其他部隊會師的計畫出現失誤，單于撤去部分兵力，高祖藉大霧降臨之機勉強突圍脫離險境。

司馬光在《資治通鑒》中記載了閼氏的勸說之言：

「兩主不相困。今得漢地，而單于終非能居之也。且漢主亦有神靈，單于察之。」

我們不難想像，漢王劉邦被圍困白登山下時內心的悲愴，以及被迫無奈接受如此下策，僥倖逃離白登山之圍後的狼狽與尷尬；亦不難看出，謀士陳平與這位不知名的使者，在白登之圍中的貢獻之大。

此後，便有了與匈奴的「和親」之約，漢宗室之女以公主之名，遠嫁匈奴首領，並按期饋贈大量禮品，以妥協來避免匈奴的大規模劫掠。儘管如此，牧馬寇伐之事依舊不斷。漢王朝雖穩居中原，但提及匈奴，內心卻從未感到安寧。

不管歷史塵埃中的人們是身陷泥淖還是壯志滿懷，時間從未停下行進的腳步，關於匈奴的故事聽來總讓人心若懸劍。

在長久的休養生息和等待之後，漢王朝政權日益穩固，至漢武帝時期，漢朝開始實施遠交近攻的戰略方針；但無論如何，先祖在白登山被圍的故事，從未因為時間的推移而變得黯淡。

西元前一三九年（建元二年），幾個落魄的匈奴人投降漢朝，漢武帝從他們口中得知，匈奴部落擊敗了大月氏，殺死了大月氏之王，並取其頭顱作為飲酒之器，大月氏部落因此逃離北方，向西遷徙。大月氏人對匈奴心懷怨恨，只是苦於無人願共擊匈奴。

在漢武帝看來，這是一個聯合大月氏攻打匈奴的絕好機遇。深思熟慮之後，他準備派使者出使遠隔漢室萬里之外的大月氏，聯合大月氏夾擊匈奴。這個宏大的想法，在今天看來依舊充滿著「宏偉藍圖」的意味。

這一事件，在司馬遷的《史記．大宛列傳》中有簡略的記載：

是時天子問匈奴降者，皆言匈奴破月氏王，以其頭爲飲器，月氏遁逃而常怨仇匈奴，無與共擊之。漢方欲事滅胡，聞此言，因欲通使。

提及大月氏，這支原本活動於祁連山以北的游牧部落，因匈奴的大舉西進而將其逐出故地，不得已西遷至伊犁河、楚河附近。要遠交大月氏，匈奴擋於其間，道阻且長，艱難險遠不言而喻。

有誰願意擔此重任冒死出使西域大月氏？

漢武帝下詔，公開招募西去之使者。

## 二、向西而去

西元前一三八年（建元三年）的一天，一名宮廷侍衛如期而至，他自願出使西域。很快，這個叫做張騫的名字傳遍了長安。

關於張騫早期的生活經歷，歷史也有些健忘。這位年輕力壯，為人正直的宮廷侍衛，當時地位低下，但當他做出應徵使者的決定，並堅決表明自己的態度和看法時，其果斷、機警、坦誠的性格，便為他的出使鋪平了道路，張騫如願被朝廷選中。

張騫深知，出使西域對他而言，是一次改變命運的難得機遇，同時也是一場歸來無期的生死博弈。

在應募的人群中，還有一人渴望透過遠行改變自己的生活，熱切希望自己能夠因此獲得自由的身分，他便是匈奴的俘虜甘父。甘父不僅擅長騎射，同時又可為張騫擔任翻譯，也被選中。

經過嚴格挑選，一百多人被選中出使西域，這些人中有奴隸、有平民，也有軍官和士兵，張騫被封為出使西域的使節，其他人作為他的隨從。不為人們所知的是，他們選擇出使西域的同時，便也選擇了顛沛流離的生活和歸來無期的命運。

今天我們已無法得知，當張騫一行人自長安出發走向西域時內心的所思所想，亦無法得知這群迫切想改變自己命運的人們，在通往未知的路上遭遇險阻時，是否會對自己當初的決定心生疑慮，會不會在自己的腦海中生發出如詩人海子般的慨嘆：遠方，除了遙遠，一無所有。

但張騫和漢武帝大概也不會想到，這場與政治密切相關的軍事策略，會打開一扇溝通中西世界的窗口。一場關於西行的出使活動在東方的宏圖裡逐漸展開，呈現出歷史從未有過的久遠和宏闊。

西元前一三八年（建元三年），張騫接受了自己遙遠又悲壯的使命，同甘父等隨從一起，離開長安，向西而去。他們希望能跨越匈奴統治下的土地出使大月氏，取道隴西，出玉門關向西而去。儘管張騫一行人謹慎行進，但是在匈奴控制下的河西走廊，他們很快便被匈奴騎兵抓獲，並被帶到了匈奴單于庭（今內蒙古呼和浩特附近）。

單于得知張騫一行人欲過河西走廊而出使大月氏，暴跳如雷。

「月氏在吾北，漢使何以得往使？吾欲使越，漢肯聽我乎？」

（《史記・大宛列傳》）

一個出使西域的決定，一條遙不可及的道路，在起始不久便令張騫陷入困境，出使西域的計畫難道就此而前功盡棄？等待著張騫的，將會是怎樣的道路和命運？

事實證明，張騫所走的路依舊很長，除了等待，更是屈原式的求索之路，因此用屈子「路漫漫其修遠兮，吾將上下而求索」的命運來形容張騫也十分貼切。大概每一個落魄於他鄉的遊子，面對艱辛難料的世事，都會有渺若粟粟之感，但他們的人格魅力也正是在這如蘆葦般的生命行程裡綻放光輝。

張騫和其他人一樣，被扣留在了荒涼的他鄉。此刻，在他身上並沒有傳奇性的故事，沒有英雄降臨，也沒有智謀祕計，等待成為了他的命運。

單于沒有殺害張騫，而是將張騫扣留在了單于庭，一個遠離故土又遠離大月氏的他鄉，他所要面對的是無盡的艱難和荒涼。張騫之外，除了他的嚮導甘父，隨行的一百餘人的命運在歷史的長河裡隨風飄散。的確，和歷史宏大的腳步相比，他們的命運顯得微不足道。我們不難想像，單于為了拉攏這位從漢朝遠道而來、心懷壯志的使者，想盡各種辦法來對付張騫的情景。後來，在匈奴兵的看守下，張騫和他所剩無幾的隨從做著放羊、打草、挖井的苦工。

幾年後，為了進一步控制張騫，單于為張騫娶了一位匈奴女子；不久，張騫和這位匈奴女子有了兒子。在眾人的眼中，張騫已將自己的根扎在了這裡，對他的看管便十分鬆散。

時間一天天過去，張騫雖已習慣了在遠方荒涼的生活，但這將近十年的日子並沒有在他心裡生根發芽。他安靜眺望，向西遠望，彷彿那遠處的蒼茫裡有他魂牽夢繞的故鄉。張騫在匈奴的監視下，過了十年喪失自由的生活，但他無時無刻不在探聽關於漢朝和大月氏的消息，關於那裡的任何一點微小的動靜，都能牽動他如泉湧般流淌的心緒。張騫看似早已如一池沒有絲毫風浪的湖水，他平靜生活，平靜融入匈奴的日常起居，平靜將自己所有關於大月氏的想法藏在心底。

十年之後，這個看起來已如匈奴人一般的漢人，心裡依舊藏著那個想要回到遠方的祕密。

十年之後，「持漢節不失」的張騫，開始謀劃一場關於大月氏的遠行，他找到了那個對他忠心耿耿的隨從甘父，當張騫悄悄在四望無跡的靜默裡告訴甘父自己的想法時，這個在匈奴的壓迫下滄桑不堪的隨從，混沌的眼神裡有了久違的亮光。兩個堅定的眼神相遇，而後所有堅定的信念和執著的探索化作匆忙的腳步。兩個在自己的使命裡停留了十年的身影，從人們的視野裡消失了，留下身後一地的靜謐和驚嘆。

向西而去，向大月氏所在的方向而去，兩個不屈的靈魂在原野上奔走，內心急切又不失鎮定。

西行數十日，張騫來到了一個叫做大宛（今烏茲別克）的國家。

在張騫被困的十一年裡，我們無從得知張騫的內心，在時間的長河中曾掀起過怎樣的波瀾。面對歷史，我們的推究終顯得輕薄。但毫無疑問，這十年的時光，於那些身陷其中的人而言，裡面更是摻雜著各種複雜的味道，這種心情若用陳子昂的詩句來表達，正是：

「前不見古人，後不見來者。念天地之悠悠，獨愴然而涕下。」

我們可以用「風餐露宿」來形容張騫所經歷的苦難，但終究不能用語言丈量張騫在茫然無期的生命航程裡，所承受的艱難和困厄的重量，在今天看來他離我們很遠，但的確，又很近。

## 三、歸來的路

終於，張騫來到了大宛，沒有人知道他在這十載春秋裡，有過多少逃離的想法，這些想法如太陽一般，每日在蒼茫的原野上升起，又在昏黃的靜默裡落下。

那時，大宛國的農田地裡長滿了稻子和麥子，有一種良馬體壯膘肥，耐力超群，在疾跑時，馬腿的兩側所出的汗顏色如血一般，因此被稱為汗血馬。這種馬又被稱為天馬之子，人們在牠身上傾注了美好的傳說。傳說，大宛的高山之上有一種行蹤神祕的天馬，人們將母馬趕至山下，天馬和母馬交配後所產的小馬，便是汗血馬，因此汗血馬成為了大宛的國寶。

大宛王見到張騫的時候，張騫如一把鑰匙，打開了大宛王內心對於漢王朝的想像之門。張騫告訴大宛王，自己從長安出發出使大月氏，中間受匈奴阻隔十餘年，幾經輾轉到了大宛，若有朝一日能夠回到漢朝，一定不忘大宛王的照顧，要奏明漢武帝，以重金酬謝，希望大宛王能夠派人相送。

和富庶的漢朝交往的願望以及張騫的允諾，最終促成了大宛國王的慷慨相助。他派了嚮導和翻譯，將張騫護送至康居（今哈薩克），康居國國王又派使者把他們護送到了大月氏。

時歲蒼茫，張騫千里迢迢，歷經險阻到達了大月氏。這時的大月氏，早已因為烏孫的征討，再次西遷至土地肥沃、而又無外敵侵擾的阿姆河流域，占領了原大夏國的領土。當時的大月氏人「志安樂，又以自遠漢，殊無報胡之心」（《史記．大宛列傳》）。面對遙遠的地理距離，大月氏人很難、也不願和漢朝聯合攻打匈奴。

很多時候，我們穿越數年歲月到達遠方，命運卻報以十分輕鬆平淡的回答，這的確如一桿艱難的秤，最後只能在我們的內心找到平衡。作為使者的張騫，在大月氏遊說了一年多，但還是沒有得到大月氏王的明確態度。無奈之下，這個遠道而來的使者準備打道回府，帶著自己十餘年來的坎坷和收穫。

我想，當張騫面對安居樂業的大月氏部落，不願再為戰爭耗費精力的想法時，落魄的張騫應該感到高興。這一年多來的遊說和行走對他而言，有著更重要的意義，或者我們甚至可以猜測，漢武帝對於他的出行所寄予的希望，遠沒有後世的人們對他的評價那麼高。張騫之所以成為張騫，最可貴的還是他不屈的精神和執著的信念，迫切想改變命運的他，擁有這難得的經歷，一生足矣。

張騫要回到自己的國家，要帶著自己的所見所聞，帶著千里迢迢來到大月氏時所經歷的種種苦難，在一條新的道路上繞過匈奴的阻擋，回到長安。對他而言，回程的道路和前行的道路一樣漫長而艱難；但張騫所不知的是，他所邁出的每一步，都在艱難中將中國和世界的距離拉近了一步。

張騫踏上了歸去的行程，為了避開匈奴的再一次阻攔，他選擇從塔里木盆地南緣進入柴達木盆地，這是他從過往的商旅那裡打聽到的新路線，由此而行可以繞道羌族地區回到關內，這條被稱為「南道」的通道上，匈奴騎兵較少出現。

冰雪覆蓋的蔥嶺，街市繁榮的疏勒，南山北路的綠洲，都從張騫腳下緩緩穿過。他們經過了莎車國，又來到于闐等國家，這條通往漢朝的遙遠的南線為張騫打開了一個新的窗口。在匈奴擴展到北方商道之後，這條原來不是很繁榮的南道也變得生機勃勃，來自西域的許多商旅，為了避免匈奴的侵擾，也選擇從南路經過。

更長的路在遠方等待著他，那裡寫滿了艱難和等待。

越接近漢朝，也便越接近匈奴，當連綿千里的祁連山出現在張騫眼前時，這個為了出使大月氏而離開漢朝十餘年的遊子，內心的激動無以言表，他們的腳步謹慎而又急切。

不幸的是，張騫又被匈奴的騎兵捕獲了，又被押送到了幾千里以北的單于庭。在通往單于庭的路上，張騫悲不可言，儘管沒有完成出使的任務，但他急切地想回到自己的家鄉，急切地想告訴漢武帝外面的世界何其之大。

慶幸的是，忙於征戰的單于並沒有處死張騫，而是將張騫及其隨從關押了起來。不難想像，當張騫再次被關押起來時，他內心所經歷的巨大的悲傷。在單于庭，當張騫的匈奴妻子在聽到張騫再次回到匈奴的時候，其內心悲喜交加的情感無以言表。

對於張騫而言，暗無天日的俘虜生活正一步步向他走來，對於活著和離開的渴望始終如一粒等待雨水的種子，埋藏在他內心深處。

西元前一二六年（元朔三年），在張騫被俘一年多後，軍臣單于的死去，為張騫的出逃創造了機會，匈奴內部因為權力的鬥爭而陷入內亂，所有的兵士和奴隸都投入戰鬥，正在牧羊的張騫趁匈奴大亂，帶領甘父和妻子向南狂奔。

他們要穿越茫茫戈壁，避開匈奴的追殺，忍受饑餓和寒冷，從滿眼的淒涼和危險裡逃離，想要回到漢朝的想法，從未像此時這般強烈。

靠著甘父的獵物充饑，靠著迫切想要活下去的願望，他們穿越了令人難以想像的沙漠和草原，出現在了漢朝境內。當人們看到三個滿目滄桑的人出現時，沒有人知道他們經歷了多少磨難。終於，離開祖國十三載的使團回到了長安，歷史差一點就將他們遺忘。

歷經十三載，張騫終於於西元前一二六年（元朔三年）回到了長安。張騫的到來，無疑使長安這座古城充滿了不可思議的言說。人們湧向街市，爭先恐後去看多年杳無音訊的張騫。十三年前離開長安出使大月氏的使團回來了，出發時浩浩蕩蕩的陣容，如今只剩下張騫和甘父兩人，幾乎沒有人能認得出他們，除了那仍藏在張騫懷裡的、早已荒蕪的使節。

漢武帝在聽了張騫的所見所聞之後，十分高興，眼前所展現出的是「廣地萬里，重九譯，致殊俗，威德遍於四海」（《史記．大宛列傳》）的宏偉藍圖。為了表彰張騫出使西域的功績，他得到了「漢中大夫」的稱譽，甘父則被封為「奉使君」。

## 四、行者無疆

匈奴依舊是擺在面前的一個強大的勁敵。

當張騫向漢武帝說出想開闢一條打通西南道路，並避開匈奴的控制走向西域的想法時，漢武帝彷彿看到世界各國的使者正不斷向漢朝走來，帶來各地豐富的物產和各國君臣對他的崇敬與仰慕。

壯心難抑的漢武帝接受了張騫的建議，打開一條沿西南出發、過身毒（今印度）至大夏，從而繞過匈奴的線路。關於這次探險，太史公在《史記》中用了四個字來表達漢武帝的心情：「天子欣然」。

西元前一二二年（元狩三年），張騫帶領四路人馬向西南而去，不為張騫所知的是，這條道路也充滿了無盡的艱難和坎坷。四隊人馬在連綿的山林中穿行，在終年積雪的高山上跋涉，在水流湍急的河道裡行進，在不同部落的敵意裡後撤，終於四路人馬最終在無法踰越的困境中半途而返。這次探險的嘗試，證明了漢朝若要打開西域的交通，只能穿河西走廊而過，西南方向的道路地勢複雜，氣候多變，道路狹險，很難通往西域。

匈奴這支擋在河西走廊上的大山，便又成為了漢武帝實現漢室大業的屏障。

西元前一二三年（元朔六年），十幾萬大軍浩浩蕩蕩從定襄（今內蒙古林海爾縣）出發，陣前的將軍叫衛青。衛青本是奴隸出身，因為屢立戰功，成為大將軍。他要趁匈奴內亂實力削弱的機會攻打匈奴，他身旁的校尉，正是十多年前出使西域的張騫。

面對茫茫草原，張騫思緒萬千，這塊對他而言既熟悉又陌生的土地，曾經收容了他十年的光陰。張騫為衛青提供了詳盡的行軍路線，部隊在哪裡停留、在哪裡設防、在哪裡要提防匈奴的埋伏，都有了細緻的安排。

當蒼涼的軍號響起，匈奴騎兵和漢軍，在蒼茫的草原上展開搏殺。一名體格強健的校尉馳馬而來，大將軍衛青派出的一批精兵由他突入匈奴縱深處，打亂匈奴陣腳，這名校尉叫霍去病，他的英勇善戰，為漢軍的大獲全勝提供了保障。在漢軍部隊的連連緊逼之下，匈奴部落中占據武威一帶的渾邪王，殺死占據張掖一帶的休屠王，歸降了漢軍，出隴西至河西之地的匈奴騎兵退居漠北。張騫因為抗擊匈奴有功，被漢武帝封為博望侯。

一年之後，命運和張騫開了一個有趣的玩笑。在配合飛將軍李廣打擊匈奴的戰鬥中，張騫的部隊未能按指定時間到達會師地點，以致李廣的部隊被匈奴包圍，損失慘重，按照漢朝的軍法，張騫應被斬首。後來按照當時的律例，張騫用錢物贖了死罪，但他被免去了所有的官爵，成了一名普通百姓。

曾經迫切想改變自己的命運，為國立功的張騫，又回到了普通百姓的生活，他內心的失落不言而喻。

很快，漢武帝為了切斷匈奴對漢朝的侵擾，準備派使者出使西域烏孫國，希望烏孫能夠和漢朝聯合，切斷匈奴右臂，徹底打通通往西域的道路，而出使的任務最後又落到了平民張騫身上。

漢武帝對這次出使的重視，我們可以從《史記．大宛列傳》中看到：

> 拜騫為中郎將，將三百人，馬各二匹，牛羊以數萬，齎金貝帛直數千巨萬，多持節副使，道可使，使遣之他旁國。

出使烏孫時，漢武帝派出了超過出使西域大月氏兩倍的人馬，外加價值千萬的錢財布帛。這其中有可以隨時出使他國的多個使節，除了出使烏孫的想法之外，武帝心中有著更宏大的圖景。

張騫一行人的出使浩蕩而無阻攔，到達烏孫，烏孫王熱情接待了遠道而來的使者。張騫委婉表達了聯盟之事：「烏孫能東居渾邪地，則漢遣翁主為昆彌夫人。」漢朝想用「和親」的方式使烏孫國遷回故地，但烏孫懼怕匈奴，大臣都不願遷徙。據史料記載，那時烏孫國因為權力之爭，實則已分為三，國王昆彌不敢擅自做主。但久聞漢朝富饒強盛，烏孫願意派使者前往漢朝。不久，烏孫的使者來到漢朝，為漢朝的富裕和強大驚嘆不已。

有趣的是，匈奴聽到漢朝和烏孫通使的消息後，怒不可遏，想要攻打烏孫；而烏孫國懼怕匈奴，願意和漢朝和親，並獻上一千匹天馬。後來，有又大宛馬來到漢朝，漢武帝為烏孫馬取名為「西極」，為大宛馬取名為「天馬」，並題詩〈西極天馬歌〉一首，詩曰：

「天馬來兮從西極，經萬里兮歸有德。
承靈威兮障國外，涉流沙兮四夷服。」

此後，漢朝在今居國以西設了酒泉郡，作為使者往來之中站。

一年之後，前往大宛、康居、大月氏、大夏、安息等周圍國家的副使，以及大夏等屬國派遣的使者，都陸續回到了長安。從此，西北各國和漢朝有了交往，長安的街市上出現了許多西域客人，各國的使者「相望於道」，建起了中西方溝通的橋梁。西域的珍禽異獸，珍奇特產伴隨著悠悠駝鈴來到了長安，中國的特產也逐漸走向西域。而在通往西域之路上最引人注目的，便是那在悠長的歲月裡讓無數人驚嘆的絲綢。

西元前一一四年（元鼎三年），張騫因病與世長辭，史學家司馬遷將張騫出使西域的壯舉稱為「鑿空」。在《史記．大宛列傳》中，太史公有言：

騫因分遣副使使大宛、康居、大月氏、大夏、安息、身毒、于窴、扜鰛及旁諸國。烏孫發導譯送騫還，騫與烏孫遣使數十人，馬數十匹報謝。因令窺漢，知其廣大……烏孫使既見漢人眾富厚，歸報其國，其國乃益中漢。其後歲餘，騫所遣使通大夏之屬者皆頗與其人俱來，於是西北國始通於漢矣。然張騫鑿空，其後使往者皆稱博望侯，以為質於外國，外國由此信之。

在張騫的一生中，儘管兩次出使西域都沒有達到預期的政治目的，但正是這長達十餘年的行走，中國打開了走向世界的大門。在張騫的「鑿空」之旅後，漢朝和西域諸國開始互通使節，使者相望於道，通商之路如悠長的絲綢般，橫亙於亞歐大陸的中西文化交流之橋上，中國也站在了世界的前方。

從此，許許多多的使團，在駝鈴聲裡，沿著張騫的腳步向前走去。

# 第二章

## 馮嫽：巾幗不讓鬚眉

「多少鬚眉無語，偏勞婢作夫人。
西域安危繫一身，何問天涯遠近。
幾度龍堆馳騁，幾問城郭歸存。
將軍管鑰玉門深，輸爾從容一哂。」

在劉蕭無的〈西江月．馮嫽〉中，一場遠去的往事在今人的詩句裡醒來，清晰而厚重。她是一位出身卑微的中原女子，在遙遠的西域，她用一生的行走完成了駐守使節的使命。她是一個苦行於命運之中的巾幗英雄，在歷史煙雲的起伏裡，她用超人的膽識，印證了「巾幗不讓鬚眉」的古諺。她叫馮嫽，歲月變遷，滄海桑田，不曾改變的是她留在烏孫的動人史話。

## 一、烏孫在何方

一九六九年，一匹駿馬在涼州的大地上騰躍而起，從此，關於「馬踏飛燕」的驚嘆聲在中國的大地上不絕於耳。

這匹出土於東漢一將軍墓室的銅奔馬，踏燕而起，三足騰空，身形矯健，完全符合古代良馬的標準尺度。銅奔馬集烏孫馬、大宛馬與河西馬的特徵於一身，被人譽為「天馬」。翻閱史書，關於「天馬」的記載引人注目，司馬遷在《史記．大宛列傳》中寫道：

> （漢武帝）得烏孫好馬，名曰「天馬」，及得大宛汗血馬，益壯，更名烏孫馬曰「西極」，名大宛馬曰「天馬」。

這裡的「天馬」正是傳說中產於大宛的汗血寶馬，但不難看出，漢武帝對於「天馬」的最初命名，卻來自烏孫馬。後來得大宛良馬，而將烏孫馬更名為「西極」。《漢書．禮樂志》中「天馬徠，從西極，涉流沙，九夷服」的描述今日讀來，依舊悲壯。以「西極」這一指稱「西方極遠之處」的名詞，來代指烏孫國所產良馬，除了西極馬涉沙而來的飽滿的生命狀態之外，帶給人的更是烏孫國地處他鄉、眺望無際的久遠之感。

在烏孫國久遠的歷史長河中，一則關於烏孫王昆彌的故事特別引人注目。

烏孫與大月氏本為居於祁連山和敦煌之間的小國，後來大月氏攻打烏孫，殺死烏孫國王難兜靡，占領其領土。烏孫國百姓流亡於匈奴之時，正值烏孫國國王難兜靡的兒子昆彌出生，負責照顧昆彌的傅父抱著昆彌逃跑，將昆彌藏在草叢中，為他尋找食物。回來時，卻見一匹狼正在為昆彌餵奶，烏鴉叼著肉在他周圍飛翔，傅父驚訝不已，認為有神助昆彌。於是帶著昆彌歸附匈奴，匈奴單于見昆彌，心生喜歡，撫養他長大。待昆彌成年，匈奴單于將原來烏孫國的百姓給了昆彌，讓昆彌帶兵，昆彌屢立戰功。後來，昆彌率兵攻打大月氏以報殺父之仇，大月氏敗走，昆彌掠得大月氏百姓，並占領了大月氏的領土，同時占領了今天的伊犁河、楚河流域，兵力逐漸強大。等到匈奴單于去世，昆彌不肯歸附匈奴，匈奴遣兵攻打，敗於昆彌，匈奴更認定有神助昆彌，避而遠之，烏孫之地空無匈奴。

關於烏孫國國王昆彌的傳奇故事，張騫在首次出使西域時便有耳聞。當他將烏孫的故事跟漢武帝說的時候，一場聯合烏孫攻打匈奴的計畫正在醞釀。

烏孫國，大昆彌治赤谷城，去長安八千九百里。戶十二萬，口六十三萬，勝兵十八萬八千八百人……東與匈奴、西北與康居、西

與大宛、南與城郭諸國相接。（《漢書．西域傳》）

從《漢書．西域傳》中關於烏孫的記載，不難看出烏孫正處在溝通東西文化的重要地位，因此在元鼎二年左右，為「斷匈奴右臂」，漢武帝「拜騫為中郎將，將三百人，馬各二匹，牛羊以萬數，齎金幣帛直數千巨萬」，出使烏孫，張騫用穿越八千九百里風塵的遠行，抵達烏孫。

「烏孫能東居渾邪地，則漢遣翁主為昆彌夫人。」（《史記．大宛列傳》）張騫告知烏孫國國王自己出使烏孫的意圖：若烏孫國能向東遷徙至投降漢朝的渾邪王舊地，漢朝願將公主嫁與昆彌，以結「和親」之約。國王昆彌因年老，且時值烏孫國呈一分為三的態勢，加上大臣都懼怕匈奴，張騫沒有得到烏孫王的明確態度，和親一事並未達成。

至張騫去世，匈奴聽說漢朝通使烏孫，大怒，欲發兵攻打烏孫。烏孫驚恐，獻出國中良馬，希望與漢朝結「和親」之約，漢武帝得烏孫良馬，命名為「天馬」。

至此，烏孫與漢朝的結盟之路，在和親之約中緩緩展開。

## 二、「脂」點江山

在帕米爾高原，有一座鮮有人及的城堡，立於海拔四千多公尺的山峰之上，這座被當地的塔吉克人稱為「克孜庫爾干」的城堡，有一個動人的漢語名字——公主堡。關於公主堡的故事，頗具傳奇色彩。

據說，波斯國國王曾向中原王朝求婚，漢室一位公主在使臣的護送下行至半途，於荒川野谷之中遇到兵亂，被逼無奈，使臣將公主置於一地形險峻的山峰之上，以梯架供給公主所需，派人晝夜看守。三個月之後，戰亂平息，使臣欲前往波斯之時，卻發現公主懷有身孕。問及公主侍女，才知公主在山頂之上時，有一騎著金馬、來自太陽的王子每日來與公主幽會，公主所懷乃「漢日天種」。使臣進退兩難，無奈之下便安營紮寨，開荒種糧。不久，公主生得一子，長大成人後立為國王，帶兵打仗威震四方。在長久的繁衍生息之後，這支「漢日天種」的後裔發展為渴盤陀國，在今新疆塔什庫爾干之地，據說今天的塔吉克族便是其後裔。

當玄奘在《大唐西域記》中將這一故事付諸筆端的時候，那位築地為宮的漢室公主，早已消失於歷史的煙雲之中。人們口口相傳的，是一個中原女子在西去之路上的傳奇經歷。

今天，我們已經無法考證這一動人傳說的真相，但不可忽略的是，在中西交流的路上，曾有許多漢室女子如柔軟的絲綢般，用她們的智慧和青春，為蒼茫的西域大地畫上了靈動的一筆。

時光之舟行至漢武帝時代，一名漢室公主正走在通往西域的路上，那悠悠駝鈴聲中隨風而起的綢帶，正在茫茫前路上昭示著漢室公主未卜的命運。這位在漢朝與烏孫結盟之後首位履行和親之約的漢室公主，十五歲，名叫細君。

「烏孫以馬千匹聘。漢元封中，遣江都王建女細君爲公主，以妻焉。賜乘輿服御物，爲備官屬宦官侍御數百人，贈送甚盛。烏孫昆彌以爲右夫人。匈奴亦遣女妻昆彌，昆彌以爲左夫人。

（《漢書・西域傳下》）」

這位不通異域風俗語言的漢室公主，在漢武帝「攜烏孫以制匈奴」的雄心壯志中遠嫁烏孫，被立為右夫人。此外，數百餘人隨公主遠赴他鄉，他們的身世不足以載入史冊。後來，匈奴單于得知烏孫國國王立漢室細君為右夫人，嫁其女兒於昆彌，立為左夫人，兩個女子在政治的天平上成為柔軟且重要的砝碼。

關於細君公主在烏孫的生活，一首〈悲秋歌〉，足以見出其中的淒苦與悲涼。

吾家嫁我兮天一方，遠託異國兮烏孫王。
穹廬爲室兮氈爲牆，以肉爲食兮酪爲漿。
居常土思兮心內傷，願爲黃鵠兮歸故鄉。

在〈悲秋歌〉的餘音裡，便是細君那破碎於烏孫的歸鄉之夢，當今人再次從烏孫古道踏險而過時，在阿克庫勒湖的靜謐和美麗中，正倒映著細君公主清澈的眼眸。

按照烏孫的風俗，細君公主在無奈中改嫁烏孫國國王之孫軍須靡，即後來的昆彌，為其生得一女，不久便在憂鬱中死去。在歷史的迴響裡，在細君公主身處烏孫的五年間，縈繞其命運的，是漢武帝「從其國俗，欲與烏孫共滅胡」的國之重託。

沿著細君公主的足跡再次前往烏孫的公主，叫解憂。解憂公主，反王劉戊的孫女，從她一出生，便接受了自己不同於常人的卑微的命運。從她的姓名中，似乎可以看出其家族對她的殷切期望。解憂公主在細君公主之後，下嫁軍須靡，那一年她二十歲。

解憂公主依舊日日面對著被立為左夫人的匈奴公主的威脅，命運將她推入了政治鬥爭的漩渦，她用艱難的努力，將自己納入了烏孫國的日常生活中，成為必不可少的一員。參與烏孫政事、振興烏孫事業，解憂為烏孫的鼎盛構築了一條廣闊的道路，一位漢室公主在異域的大地上綻放出璀璨奪目的光彩。

西元前七四年（元平初年），漢宣帝繼位。匈奴大軍直驅烏孫腹地，吞併烏孫惡師、車延等大片土地，烏孫告急。匈奴派使者至烏孫，逼迫烏孫交出解憂公主，方可化解滅國之災。烏孫王廷人心惶惶，一時間，烏孫國的命運和解憂公主連在了一起。

危難之中，解憂上書漢朝，請求支援，卻遇漢昭帝駕崩，救援之信石沉海底。解憂憑藉自己的智謀，說服翁歸靡及國內貴族，調集兵力，奮力反抗，匈奴粉碎烏孫的企圖終未實現，一名漢室女子在內憂外患中成為了保衛烏孫的脊梁。

> 匈奴連發大兵擊烏孫，取車延、惡師地，收其人民去，使使脅求公主，欲隔絕漢。昆彌願發國半精兵，自給人馬五萬騎，盡力擊匈奴。唯天子出兵以救公主、昆彌！（《漢書・西域傳下》）

西元前七四年（元平初年），漢宣帝繼位，解憂與昆彌共同上書漢朝，向來在漢烏關繫上「持兩端，難結約」的烏孫王，主動邁出了願聯合漢朝抗擊匈奴的第一步，漢武帝時「斷匈奴右臂」而「欲與烏孫共滅胡」的設想，終於在解憂公主的努力下顯現出令人欣喜的局面。

漢朝派五位將軍，率十五萬大軍馳援烏孫，烏孫以五萬精兵千里奔襲，一場規模宏大的合圍之戰，在匈奴的落魄而逃中告捷。解憂公主聲威顯赫。至此，漢朝和烏孫建立了堅固的聯盟關係。

西元前六四年（元康二年），翁歸靡上書漢朝，懇請將漢朝公主嫁與長子元貴靡，以結永世之好，解憂公主之侄女劉相夫奉命前往烏孫，行至敦煌，卻得翁歸靡病逝之消息。烏孫貴族按照岑陬生前之約，由匈奴公主所生王子泥靡繼位，漢朝聞訊，召回相夫公主。自此，解憂公主陷入孤立無援之境地，危難之中，解憂公主依烏孫之習俗，再嫁狂王泥靡，後為其生得一子，但兩人之間的矛盾從未緩和。

一場驚心動魄的「鴻門宴」在解憂腦海中浮現，一位平凡卻又勇敢的漢室女子，在自己置身西域的生涯中，展現出宏大而又令人折服的氣魄。

解憂聯合對狂王泥靡心懷不滿的匈奴公主之子烏就屠及漢朝使者，在一次酒宴上刺殺狂王泥靡，狂王受傷逃走。很快，狂王發兵包圍了赤谷城中的解憂公主及漢朝使者，西域都護府發兵解圍。烏就屠逃走後，揚言匈奴將出兵平亂。後來，烏就屠刺殺狂王，並自立為烏孫國國王，同時，烏孫國親匈奴派極力主張歸附匈奴，舉兵討漢，烏孫與漢朝軍隊劍拔弩張，緊張對峙。

此時，一個地位卑微的公主侍女挺身而出，用自己的氣魄點亮了烏孫黑暗的大地，歷史在她身上展現出前所未有的從容。

## 三、在命運的波瀾之上

西元前一〇一年（太初四年），命運之舟將另一名出身卑微的中原女子載到了烏孫，她叫馮嫽，是解憂公主的隨從侍女。

史書中關於馮嫽的記載，簡單而瑣碎，但其在歷史的長河中所造就的「馮夫人」的讚譽，連同中國第一位女外交家的美稱，卻在命運的波瀾之上顯現出常人難以企及的壯闊。

> 初，楚公主侍者馮嫽能史書，習事，嘗持使節爲公主使。行嘗賜於城郭諸國，敬信之，號曰馮夫人。（《漢書・西域傳》）

作為解憂公主的侍女，馮嫽明理而精通史書，且常持漢節出使烏孫周圍的國家。不難看出，馮嫽在照顧解憂公主的生活起居之外，更充當著一位駐紮於西域的漢室女使節的角色。生性聰慧的馮嫽出身卑微卻不辱使命，通曉西域語言文字及風俗習慣，深得西域諸國人民的信任，西域諸國均稱她為「馮夫人」，其外交才能可見一斑。

回到那件扣人心弦的險峻之事，解憂公主刺殺狂王泥靡未成。不久，匈奴公主之子烏就屠刺殺泥靡，自立為烏孫國國王，欲歸附匈奴，烏孫與漢朝劍拔弩張，緊張對峙，漢烏關係危在旦夕。

馮嫽出使烏就屠，烏孫和漢朝瀕臨瓦解的關係攥在了一名公主侍女的手中。

「以漢兵出，必見滅，不如降。烏就屠恐，曰：願得小號。

（《漢書・西域傳》）」

馮嫽以勢壓陣，告知烏就屠若漢朝出兵，肯定會遭受滅頂之災，不如投降漢朝。烏就屠心感恐懼，提出投降之條件，希望漢朝能給一封號。馮嫽答應。身處險境，馮嫽憑藉自己的膽識和氣魄，化干戈為玉帛，一場動人心魄的交鋒悄然平息。

當漢宣帝得知馮嫽化解了一場千鈞一髮的危急時，這位公主侍女及其主人解憂公主的事蹟，正在中原大地上人們嘖嘖稱奇的驚嘆聲中走向遠方。不久，漢宣帝徵召馮嫽回朝共謀烏孫之事。

在離開長安四十年之後，馮嫽再次回到故鄉，百姓聞訊，相迎於城郊。馮嫽向漢武帝介紹了烏孫的形勢，並建議為烏孫封號以安定其心。馮嫽言辭懇切，條理清晰，深諳烏孫國國情，漢宣帝見馮嫽才華橫溢，深為欣賞，封馮嫽為正使，賜其錦車使節，出使烏孫，隨她而去的是副使竺次、甘延壽。出身卑微的中原女子，被封為正使出使西域，這在中國的歷史上尚屬首次。

西元前五三年（甘露元年），馮嫽至烏孫赤谷城，錦車持節，立解憂公主之子元貴靡為大昆彌，立烏就屠為小昆彌，均賜予印綬。烏孫國在馮嫽的多方調解與斡旋之下，一分為二，漢烏之間的風波終於平息。從此烏孫成為漢朝的屬國，漢朝在漢烏關係間占有了主動權。

西元前五一年（甘露三年），解憂公主之子元貴靡及其幼子皆病故，解憂公主思鄉心切，上書漢朝：

「年老思土，願得歸骸骨，葬漢地。」

赴烏孫五十載，解憂公主轉嫁三位國王，歷盡滄桑；但不可忽視的是，一名中原女子用一生的奔波，完成了漢室攜烏孫「以斷匈奴右臂」的國之重託。當時過境遷，對於故土的思念成為她久積心中的高原，當她老去時，唯一的願望便是落葉歸根，葬己身於故土。

漢宣帝見解憂公主情辭哀切，念及其為漢室江山所付出的一生心血，感慨萬千，派人迎接這位闊別故土五十年之久的遊子。

西元前五一年（甘露三年），年逾古稀的解憂公主與馮嫽一起回到長安，漢朝以公主之禮對待解憂，對馮嫽亦以厚祿優禮相待。

江山猶在，年華已逝，烏孫國母與馮夫人的美稱猶存，解憂和馮嫽，成為兩座屹立於西域大地上的豐碑。

## 四、時間之外的河流

在時間的長河裡流淌著的，除了逝去的年華，更是超越時間的精神之河流。於馮嫽而言，她早已如一棵扎根於烏孫大地上的樹，年歲愈久，生命之根愈寬廣。

西元前四八年（初元元年），馮嫽上書，她要回到烏孫，回到那片她曾經將五十載的光陰付諸其上的域外他國。至於她年過古稀卻依舊要回到烏孫的原因，《漢書．西域傳》中記載：

元貴靡子星靡代為大昆彌，弱，馮夫人上書，願使烏孫鎮撫星靡。漢遣之，卒百人送焉。

解憂公主之孫星靡，為烏孫大昆彌，但因其性情軟弱，在烏孫國內的政治鬥爭中不足以立，將近七十歲的馮嫽放下自己曾經在烏孫的所有委屈和艱難，放下自己在長安富足舒適的生活，上書漢宣帝，願赴烏孫協助星靡鎮扶內亂，也正是從馮嫽始，烏孫這一在地理位置上溝通西域諸國的重鎮終於成為了漢朝的屬國。馮夫人不願意看到自己苦心經營的烏孫陷入混亂，即使早已滿頭白髮，但她鎮扶烏孫的壯志卻未曾老去。

當馮嫽第三次踏上悠悠「絲綢之路」的時候，在她眼中，所有的蒼茫與遙遠都成為動人的風景，沒有人知道這位出身卑微卻功績豐碩的漢室女子內心所經歷的快樂和悲傷。當馮嫽看到遠赴百里之外，迎路而來的烏孫人綻放的微笑與欣喜時，一輪朝陽正從她平靜的眼眸中升起，照亮周圍的黑暗。

當時的都護韓宣上書朝廷，希望能夠為烏孫國的大吏、大祿、大監均賜金印紫綬，從而使他們輔佐星靡處理國內事務，漢朝批准。在《漢書．烏孫傳》中載：

都護韓宣奏，烏孫大吏、大祿、大監皆可以賜金印紫綬，以尊輔大昆彌，漢許之。

而後都護韓宣見星靡治國能力不足，也曾上書漢宣帝去星靡大昆彌之位，以他人代之，漢帝不許，這一記載在史書中一帶而過，足以見得的，卻是漢朝對於星靡的護持。

於歷史的車轍中，在烏孫這片土地上，馮嫽的身影引人注目，當滿頭白髮的馮夫人穿越千里之外的遙遠時，令人動容的不僅是她對漢室大業含辛茹苦的耕耘，更是一個在命運的波濤中力挽狂瀾的中原女子放棄個人安危之後，所體現出的大情懷，是流淌於時間之外永不消逝的、常人難以企及的生命精神之流。

「勸君更盡一杯酒，西出陽關無故人」的詩句裡，一代詩人王維所描繪出的，是西域蒼茫陌生而又堅硬的質地；但於馮嫽而言，風雨域外行，便成了她一生的宿命。一條通往西域的道路，蜿蜒而又悠長，在茫茫天地間，一位位漢室女子，用自己的青春和足跡，打開了西域堅固的大門，她們的故事如一座座高峰，點亮了異域他鄉的蒼茫河山。

馮嫽再次行走在了烏孫的大地之上，用她尚未熄滅的生命之光焰，照亮了烏孫前行的道路。

# 第三章

## 蘇武：一座用氣節鑄就的高原

蘇武留胡節不辱，
雪地又冰天，
忍苦十九年，
渴飲雪，饑吞氈，
牧羊北海邊。
心存漢社稷，
旄落猶未還，
歷盡難中難，
心如鐵石堅。

……

在民歌的迴響裡，一位漢朝使節正向我們走來，步調久遠而又蒼涼。身存邊地，茹毛飲血，一去十九載；牧羊他鄉，心懷社稷，信念堅如鐵。這個故事，和那個叫蘇武的人有關。我們彷彿看到一個西行於冰天雪地中的聖徒，將庸常的世間煙火丟於身後，獨自走在一座由信念構築的高原之上。

一個渺小的身影正從荒涼的邊地升起，在遙不可及的眺望裡前行。

## 一、奉命出使

時間倒流，我們站在兩千年前的漢武帝時代，那是一個讓人振奮的時代，同時，也是一個讓人落魄的時代。

一個叫做蘇武的皇帝侍從，受漢武帝的提拔，做了栘中廄監（替皇帝監管馬廄的官職，為皇帝管理鞍馬、弓箭、鷹弓等射獵用具）。後來，他升為中郎將（統領皇帝侍衛的高級武官）。關於他流傳千古的故事，大概便是從這時開始的。

漢武帝時代的中國，中華疆域的版圖上寫滿了劉徹開疆拓土的豪情與壯志。絲綢之路這一溝通中西的悠悠古道，也便承載了一代又一代天子征服並安定西域的宏偉藍圖。

互通使節便成為自張騫「鑿空」之後常用的一種外交手段，但漢朝和西域匈奴等部落戰事不斷，那些手持使節不遠萬里奔赴他國的使者們，一出發便也面臨著莫測的命運。

使者們穿行於各國之間，在遊說和維持友好關係的同時，肩負著打探西域各國軍事情況的重要任務。在政治鬥爭的漩渦裡，從被匈奴扣留十一載的張騫始，使者們路遇風波而後舉步維艱、身陷異域的情況十分常見。

西元前一一〇年（元封元年），漢武帝親統十八萬大軍到北地，派使者郭吉至匈奴，勸說單于歸順漢朝，單于大怒，扣留了郭吉。

西元前一〇七年（元封四年），匈奴派遣匈奴中身分尊貴者，作為使者出使漢朝，但其在漢生病，醫治無效而死，漢派路充國等送喪到匈奴，單于認為漢朝殺死使者，扣留了路充國。

西元前一〇五年（元封六年），匈奴單于去世，漢朝派去弔唁的使者被扣留。

至於弔唁使者被扣留之事，司馬遷在《史記．匈奴列傳》中記載：

> 兒單于立，漢使兩使者，一弔單于，一弔右賢王，欲以乘其國。使

者入匈奴，匈奴悉將致單于。單于怒而盡留漢使。漢使留匈奴者前後十餘輩，而匈奴使來，漢亦輒留相當。

不難看出，使者身負的國任之重大及其命途之多舛。

西元前一〇〇年（天漢元年），且鞮侯單于繼位，擔心漢朝出兵攻打匈奴，送回被扣押的漢使，並稱「漢天子我丈人行也」（《漢書．蘇武傳》），承認漢朝天子是且鞮侯單于的長輩。漢武帝讚賞其深明大義，願送回扣留於漢朝的匈奴使者，並饋贈厚禮。同時，漢武帝封蘇武為中郎將，出使匈奴。那一年，蘇武四十歲。

蘇武臨行前，曾作詩一首，題為〈留別妻〉：

結髮爲夫妻，恩愛兩不疑。
歡娱在今夕，婉及良時。
征夫懷遠路，起視夜何其？
參辰皆已沒，去去從此辭。
行役在戰場，相見未有期。

握手一長嘆，淚爲生別滋。
努力愛春華，莫忘歡樂時。
生當復來歸，死當長相思。

我們無從得知，蘇武與怎樣的一位女子結為夫妻；但兩千年後，今人讀到蘇武的詩句時依舊深感悲慼，為一個身懷崇高使命而自喻為「征夫」的中郎將心懷淒愴。「生當復來歸，死當長相思」的詩句裡流淌著廣闊的悲壯和悲傷。和急於為國立功、敢於隻身出使他鄉的使節們相比，這個有著書生氣的蘇武，他的兒女情長更牽人心弦。

蘇武隨副使張勝，屬員常惠一百餘人向西而去，跋山涉水而至匈奴王庭，並以厚禮相贈。出人意料的是，單于十分驕橫，好在蘇武完成使命，單于欲派使者送蘇武回國，蘇武等待歸鄉之時日。

蘇武不曾想到的是，一個匈奴內部的謀反事件，讓他的等待和歸期畫上了長久的問號。

## 二、暗夜裡的變故

也是在西元前一〇〇年（天漢元年），在匈奴內部，一場謀反在暗夜裡升起。這場叛亂和匈奴渾邪王的外甥緱王，以及曾投奔匈奴的漢人虞常有關。

西元前一二一年（元狩二年），緱王曾同渾邪王一起，投降漢朝而受封賞，但於西元前一〇三年（太初二年）隨漢軍進攻匈奴時被俘，心懷不平。虞常為漢朝人，曾跟隨成長於漢朝的匈奴人衛律，一起投奔匈奴，後來歸家心切。

緱王與虞常商定，協同衛律的侍從七十餘人，劫持且鞮侯單于的母親至漢朝，以向漢武帝邀功請賞。恰逢此時，蘇武一行來到匈奴王庭，虞常見到了熟識已久的張勝。

虞常私自拜訪張勝，稱願暗中射死投奔匈奴的叛徒衛律，以求母親及弟弟在漢朝得到封賞，張勝諾，並贈其厚禮。半月後，匈奴單于外出打獵，虞常等人暗中商量伺機行動，不料卻在當夜被人告發，緱王戰死，虞常被活捉，一場謀劃已久的叛亂以失敗收場。

張勝惶恐不安，與蘇武言其賞賜虞常並許諾之事，蘇武拔劍而起，「事如此，此必及我。見犯乃死，重負國」（《漢書．蘇武傳》）。蘇武覺得事已至此，肯定會牽連到他，受侮辱而死，更對不起國家，欲自刎，張勝、常惠制止了蘇武。

單于大怒，召集大臣，欲殺死漢朝使者，又覺得不妥，便欲招降漢朝使者。單于派衛律召來蘇武受審，蘇武告訴常惠：「屈節辱命，雖生，何面目以歸漢。」（《漢書．蘇武傳》）蘇武拿出佩刀刺向自己。衛律驚訝不已，抱住蘇武，派人騎馬請來大夫，蘇武一時氣絕，經大夫醫治，半日之後才甦醒過來。常惠等人痛哭不已，抬著蘇武回到了營帳，單于讚賞蘇武的氣節，早晚派人向蘇武問好，並囚禁了張勝。

至蘇武初癒，單于審虞常，欲招降蘇武。

衛律用劍殺死虞常，並對張勝說：「漢朝副使圖謀殺害單于近臣，判死罪，若投降匈奴，赦免其死罪。」舉劍欲殺張勝，張勝投降。衛律言於蘇武：「副使有罪，你也要連坐。」蘇武與衛律辯駁道：「既沒參與同謀，又無親屬關係，何來連坐？」衛律舉劍，蘇武紋絲不動。衛律用他投降匈奴所得到的賞賜勸說蘇武，蘇武罵其「不顧恩義，畔主背親」、「不平心持正，反欲鬥兩主」。

當衛律將蘇武誓不受降的消息告訴單于時，一個漢朝忠臣身上所體現出的氣節令其折服，他愈加想招降蘇武。迫於無奈，他將蘇武囚禁於一空地窖之中，斷絕吃喝，以期蘇武在饑餓和寒冷的威逼下受降。蘇武以雪配上氈毛充饑，許多天未死，匈奴大驚，以為有神靈保佑。

匈奴單于決定將蘇武流放至北海牧羊，聲稱等到他放牧的公羊生育了再放他回漢朝。

一個不辱使命的漢朝使節，走向了更為荒涼的牧羊生涯。

## 三、牧羊北海

蘇武隻身去往北海，一個遙遠而又荒涼之地。在漢代，那裡受匈奴控制，人煙稀少。和蘇武相依為命的，是一群因蘇武的流放而覓食北海的公羊，在無糧食供應的北海，蘇武挖野鼠所儲藏的草籽用以充饑。每日，蘇武手中都緊握著出使時漢武帝授予的使節，蘇武日漸脫落的旄節，記載著他出使的日子。但在「壯士一去不復返」的悲壯裡，留在蘇武身後的是遙遙無期的歸國之路。

這樣的日子，一過便是五六年，蘇武依舊在滿目的荒蕪裡艱難生活，沒有人知道他內心所堅守著的信念，是否會永遠被埋藏在遙遠的他鄉。我們無法想像在舉目無親的他鄉，蘇武對歸鄉的期盼有多麼強烈。

直到有一天，在蘇武的眺望裡，突然有大隊人馬浩浩蕩蕩而來，蘇武內心充滿了種種複雜的情緒，他無時無刻不盼望著回到故鄉。後來才知道，那是單于的弟弟於軒王來北海打獵的隊伍。「於軒王愛之，給其衣食」，於軒王十分喜歡他，給他衣服和食物。三年後，於軒王病重，賞賜蘇武一些牲畜，陶罐容器和帳篷。於軒王去世，其部下也撤離北海，禍不單行，不久，蘇武的牛羊被丁令部落盜走了，蘇武一貧如洗。

在兩千年後的今天，蘇武精神依舊在西部人的生活中生長，為了紀念這樣一位曾經在自己的使命中不屈活著的英雄，人們在他曾走過的路上留下了許多故事。在甘肅省武威市民勤縣，有傳說中蘇武牧羊時經過的「羊路」，向東而行，有相傳是蘇武當年為了眺望自己的國家而修築的野鴿子墩，有蘇武山，山上修有蘇武廟，並有明代李名《蘇武山銘》：

「高山仰止，勒石儼然，上多美景，下多飛泉。名花勃勃，芳草綿綿。古祠高樹，黃河盤旋。吞氈臥雪，皓首蒼顏。羊歸隴上，雁斷雲邊。持旄節而不遺，嘆帛書之難傳。回日原非甲帳，去時乃是丁年。老骨侵胡月，孤忠弔南天。白亭留芳名，麟閣表雲煙。一生事業，誰敢爭先。」

此銘剛好一百字，亦稱《百字銘》。

此外，在《百字銘》之前，晚唐詩人溫庭筠曾有〈蘇武廟〉一詩，詩曰：

蘇武魂銷漢使前，古祠高樹兩茫然。
雲邊雁斷胡天月，隴上羊歸塞草煙。
回日樓台非甲帳，去時冠劍是丁年。
茂陵不見封侯印，空向秋波哭逝川。

關於蘇武牧羊的「北海」，在清代王先謙所著《漢書補注．李廣蘇建傳》中，蘇武牧羊的北海是今俄羅斯貝加爾湖，這一說法成為了長久以來人們對於蘇武牧羊之處的一貫看法；但細究歷史便會發現，溫庭筠〈蘇武廟〉一詩中所記，「北海」地處隴上，應在西北某處。

蘇武作為地名曾在民勤古籍上流傳至今，關於蘇武在民勤的傳說更是歷史久遠。《漢書．李廣蘇建傳》中記載：「武既至海上，廩食不至，掘野鼠去草實而食之」，貝加爾湖地區不是這種特殊鼠類的分布區，描述卻十分相像於民勤白亭海地帶，而北海也許是白亭海簡化為「白海」的轉音。民勤白亭海與當時匈奴的通知中心距離適中，不至如同貝加爾湖般隔絕。

兩千年後，從事農業生態學和農史研究的任繼周，在他的文章〈蘇武牧羊北海故地考〉中闡述這些觀點的時候，一個被人們長久誤解的故事正揭開它神祕的面紗。在任繼周看來，蘇武牧羊的故地，應該是在今天甘肅省武威市民勤縣白亭海。

時過境遷，這裡早已成為一片茫茫沙海，留下的只有蘇武牧羊時的慨嘆，和今人在代代相傳的蘇武精神裡前行的身影。

## 四、李陵的到來

於蘇武而言，任何關於漢朝和家人的消息都令他動容。

後來蘇武得知，大哥做奉車都尉，隨皇帝外出，扶著車輦下殿階時，撞在柱子上折斷了車轅，被彈劾犯了大不敬之罪，揮劍自殺；弟弟隨皇帝祭祀，一名騎馬的宦官和皇門駙馬爭搶船隻，宦官將皇門駙馬推到河中淹死，皇帝下令讓蘇武的弟弟追捕，沒有捕獲，因恐懼而自殺；母親去世，妻子改嫁，其他親人生死未卜。

告知蘇武這些消息的，不是單于，而是李陵，一個投降匈奴的落魄的將軍。我們且來聽另一個如蘇武般身在匈奴、而後備受眾人關注的漢人李陵的故事。

李陵，飛將軍李廣之孫，隴西成紀人（今甘肅天水秦安縣），善於騎射，屢建奇功，有李廣之風範。

西元前九十九年（天漢二年），李陵率五千騎兵向北行進三十餘天，孤軍深入，遇單于主力，遭三萬騎兵包圍，李陵揮師搏擊，殺匈奴兵數千，匈奴兵敗退上山。單于大驚，召集八萬騎兵圍攻李陵，連日苦戰，困於一山谷之中，李陵一行進退兩難，殺敵三千，向東南突圍，被蘆葦叢擋住去路，匈奴迎風放火，李陵軍放火燒出空地得以自救。退至一山下，在樹林中殺死敵人數千，匈奴兵不能取勝，怕有埋伏，準備撤走。卻遇一軍侯，名管敢，因校尉淩辱而投降匈奴，告訴匈奴李陵箭矢殆盡，匈奴大喜，派精兵射殺李陵軍士，死傷慘重，五千勇士餘三千作戰。而後李陵砍斷旌旗，埋藏珍寶，言無臉見漢朝天子，下馬投降。

文武百官皆大罵李陵，漢武帝問及司馬遷，答曰：

陵事親孝，與士信，常奮不顧身以殉國家之急。其素所畜積也，有國士之風。今舉事一不成，全軀保妻子之臣隨而媒蘖其短，誠可痛也！且陵提步卒不滿五千，深戎馬之地，抑數萬之師，虜救死扶傷不暇，悉舉引弓之民共攻圍之。轉鬥千里，矢盡道窮，士張空弮，冒白刃，北首爭死敵，得人之死力，雖古名將不過也。身雖陷敗，然其所摧敗亦足暴於天下。彼之不死，宜欲得當以報漢也。

在司馬遷看來，李陵非貪生怕死之輩，帶五千騎兵深入敵境，殺敵無數，卻無救援，雖敗也足以名顯天下，其未戰死而投降，應該是想立功贖罪，以報答漢朝。漢武帝大怒，以為司馬遷是在為李陵開脫罪責，而將司馬遷處以宮刑，司馬遷悲憤欲絕而作《史記》。

西元前九十七年（天漢四年），漢武帝大舉發兵攻打匈奴，公孫敖敗退，卻誣告李陵為匈奴訓練騎兵，導致進攻失敗。漢武帝大怒，李陵一家遭滅門之禍，全家老小被處死，李陵歸國之心日漸黯淡。

單于派李陵赴北海置辦酒宴以勸降蘇武，蘇武願以身報國，李陵淚濕衣襟，告別而去。西元前八十七年（後元二年），李陵復至北海，告知蘇武漢武帝駕崩之事，蘇武面向南方大哭吐血，每天早晚哭弔武帝。

在中國的歷史上，蘇武的氣節讓人動容。

## 五、榮歸故里

西元前八十六年（始元初年），漢昭帝即位。

西元前八十五年（始元二年），匈奴壺衍鞮即位。

西元前八十一年（始元六年），漢匈議和，兩國恢復和親和往來。

漢朝屢次提出放蘇武回國，匈奴以蘇武已死推脫。而後漢使者出使匈奴，見到常惠，常惠告知漢使蘇武的處境及對策。

次日，漢使見單于，問及蘇武，並告知單于，漢朝天子在上林苑中射獵，得一大雁，腳上綁著帛書，上面有蘇武親筆，他被放逐北海牧羊，存活於荒蕪之中。單于十分驚訝，遂道歉而願意放蘇武回朝。

李陵辦酒宴送行，在席間起舞唱出一首《別歌》：

徑萬里兮度沙漠，爲君將兮奮匈奴。
路窮絕兮矢刃摧，士衆滅兮名已。
老母已死，雖欲報恩將安歸？

李陵唱罷，淚流滿面，遂與蘇武訣別。兩位年近六旬的故國老臣，一位曾臥雪吞氈，忍苦十九載，今日苦盡甘來終得歸；一位曾以五千兵卒，橫掃匈奴，矢盡道窮而屈降匈奴，今日隱退他鄉，鬱鬱而終。

唐代詩人李白後來作詩一首，題為〈蘇武〉，詩曰：

蘇武在匈奴，十年持漢節。
白雁上林飛，空傳一書札。
牧羊邊地苦，落日歸心絕。
渴飲月窟冰，饑餐天上雪。
東還沙塞遠，北愴河梁別。
泣把李陵衣，相看淚成血。

在詩歌的最後，李白所表現的正是兩個身處異鄉的遊子在淚眼相望中的深厚情誼，所書寫的是不可磨滅的故國情懷。於李陵而言，送別的是一別無期的蘇武，更是抱憾終生的家國之痛。西元前七十四年（元平元年），執意不回漢朝的李陵病死他鄉。

西元前八十一年（始元六年），牧羊十九載，蘇武歸來，鬚髮皆白。蘇武被封為典屬國（掌管少數民族和屬國事物的高級官員）。不久，兒子蘇文因燕王謀反事件，受到株連而被處死，蘇武被免職。至漢宣帝立，對蘇武尊崇有加。

唐代詩人王維曾作〈隴頭吟〉一首，其中有這樣的詩句：

長安少年游俠客，夜上戍樓看太白。
隴頭明月迴臨關，隴上行人夜吹笛。
關西老將不勝愁，駐馬聽之雙淚流。
身經大小百餘戰，麾下偏裨萬戶侯。
蘇武才爲典屬國，節旄空盡海西頭。

在詩歌的最後，王維用蘇武牧羊十九載僅封得一典屬國的事實，來比照關西老將的遭遇，引出的更是無數如長安少年般壯志滿懷的仁人志士終老時的命運。

翻閱史書，我們可以看到這樣的記載：

> 武年老，子前坐事死，上閔之，問左右：「武在匈奴久，豈有子乎？」武因平恩侯自白：「前發匈奴時，胡婦適產一子通國，有聲問來，願因使者致金帛贖之。」上許焉。後通國隨使者至，上以爲郎。（《漢書・李廣蘇建傳》）

蘇武在匈奴生得一子，姓蘇名通國，隨使者到漢朝，封為郎官。至於這一細節，班固在《漢書》中一筆帶過，並無多言，我們所看到的，是一個更加真實而飽滿的蘇武。

西元前六十年（神爵二年），八十歲的蘇武去世。

許多年後，當我們再次提及蘇武，眼前升起的，依舊是一座由氣節鑄就的高原，永久屹立在中國歷史之上。

# 第四章
## 常惠：在歷史的流沙裡前行

「出茭一鈞七斤半斤，以食長羅侯壘尉史官橐他一匹，三月丁未發至煎都行道食，率三食，食十二斤半斤。」

二十世紀初期的中國考古界，是一個燈火通明的時代。斯坦因（Marc Aurel Stein）在中國敦煌所找到的簡牘裡，記載了長羅侯常惠及其部下在西去烏孫時的開支情況，這為簡帛學的研究打開了一道大門。

### 一、流沙墜簡

一個叫斯坦因的探險家，不遠萬里，在中國的西北角打開了歷史上一個塵封已久的缺口——敦煌。

一九〇七年，斯坦因從敦煌西北長城烽燧遺址處，挖得一批簡牘，打開了中國近代簡帛學研究的大門。

一九一四年，王國維、羅振玉在日本借助國外學者研究材料中的照片，出版了《流沙墜簡》一書，成為中國簡牘學的奠基之作。其中對於漢代邊郡歷史沿革的記載，成為一扇通往完整絲路世界的大門。

斯坦因發現的漢簡中的長羅侯，指的便是漢代使者常惠。據王國維考證，常惠在封侯後「凡四出西域」（《流沙墜簡》），也就是說，長羅侯常惠至少出使西域四次。

一九九〇年至一九九二年，甘肅省文物考古研究所在敦煌西南的戈壁荒漠中，全面挖掘埋藏在歷史流沙中的懸泉置遺址，這裡曾作為絲綢之路上安息和敦煌之間往來人員與郵件的一大轉運站。眾多漢簡和歷史實物再一次撥開滾滾黃沙，顯現在世人面前。其中，《長羅侯費用簿》是長羅侯常惠及其部下，在西去烏孫時留下的紀錄，這使絲綢之路上關於漢朝與烏孫的關係研究有了更新的材料。

從一份關於費用開支的紀錄裡，許許多多的學者推斷出了沉睡於歷史流沙裡的絲路傳奇。在常惠出使西域兩千年後，從懸泉置遺址出土的漢簡中，有學者考證出常惠出使西域，至少應該有六次。

正是在不斷發現的過程中，這墜落在竹簡上的流沙被人們一層層揭開，一條條通往西域的道路，悠悠如絹，古老綿長。

## 二、解憂上書

在古代，「和親」成為連接中原和西方的一條無形而又柔軟的道路，一位位皇室公主遠嫁他鄉，用柔弱的身軀肩負起維持兩國穩定的重任。

今天，我們依舊可以看到被稱為「寧胡閼氏」的王昭君「從胡俗」而自願遠嫁他鄉的氣魄，為一個國家的穩定作出不可衡量的貢獻。但不可忽略的是，這些從小生長在漢室優越環境中的公主，她們遠嫁他鄉時的不易和苦痛。一首《悲秋歌》便足以讓今人看到她們內心無法丈量的悲傷。

吾家嫁我兮天一方，遠託異國兮烏孫王。
穹廬為室兮氈為牆，以肉為食兮酪為漿。

居常土思兮心內傷，願爲黃鵠兮歸故鄉。

西元前一〇五年（元封六年），十五歲的細君公主歷經萬里，遠嫁烏孫，一曲《悲秋歌》，是她一生的真實寫照。今日讀到仍悽楚深切，令人動容。細君公主成為第一位遠嫁西域的公主，二十歲那年，在他鄉鬱鬱而終。

也是在二十歲那年，解憂公主要出嫁了，因為細君公主的離去。於解憂而言，奉命出嫁是一次充滿了變數的冒險，她要穿越自己的國家，到陌生的烏孫去，身前是細君公主走過的路，沒有回程。一路上，飄蕩在她腦海中的，是細君公主的琵琶聲和《悲秋歌》的淒婉與難言之苦。

西元前七十四年（元平元年），遠嫁烏孫的解憂公主，上言漢朝：

匈奴發騎田車師。車師與匈奴爲一，共侵烏孫，唯天子救之！

（《漢書》）

那時，解憂公主的獨自上書，源於匈奴向烏孫提出的索要解憂公主的要求。

西元前八十～前七十五年，匈奴以兩萬騎兵攻打烏桓，大將軍霍光任命范明友為度遼將軍，率兩萬騎兵攻打匈奴，匈奴聞訊撤走。霍光曾告誡范明友，兵不可空出，若錯過匈奴，則攻打烏桓。烏桓剛被匈奴擊傷，范明友乘隙攻打，斬首六千餘人，殺死三位王爺，率軍而返，被封為平陵侯。

此時，匈奴驚恐，不敢再出兵，於是派使者到烏孫，索要漢朝公主，並攻打烏孫。《漢書．匈奴傳》記載：

> 匈奴由是恐，不能出兵。即使使之烏孫，求欲得漢公主。擊烏孫，取車延、惡師地。

匈奴所要的公主，正是解憂公主，解憂公主被迫向天子求救，上書朝廷。朝廷「下公卿議就，未決」。恰遇漢昭帝駕崩，無暇西顧，解憂公主的上書被擱置。

也是在西元前七十二年（本始二年），漢宣帝立，因新帝初立，局勢不穩，並未貿然發兵，而是派使者出使烏孫，出使烏孫的使者，叫常惠。

解憂公主和烏孫國王昆彌均派使者返漢朝，常惠遵照託付，言於天子烏孫國處境及其請求：

「匈奴連發大兵擊烏孫，取車延、惡師地，收其人民去，使使脅求公主，欲隔絶漢。昆彌願發國半精兵，自給人馬五萬騎，盡力擊匈奴。唯天子出兵以救公主、昆彌！」

遠在細君公主之時，烏孫昆彌獵驕靡欲轉嫁細君公主與其孫，細君上書朝廷，漢武帝以「從其國俗」，「欲與烏孫共滅胡」答覆細君，細君轉嫁，鬱鬱而終。而後為實現聯合攻打匈奴的目標，解憂遠嫁烏孫。此後，烏孫並無攻打匈奴之意。

此時，漢朝聯合烏孫攻打匈奴的時機終於成熟。

## 三、合圍之戰

那位出使烏孫的使者，此時早已在通往烏孫國的路上了。

歷史中關於他的文字，散亂如沙，那流沙中的漢簡，也曾長期沉睡在絲路之下。《漢書》載：

「常惠，太原人也。少時家貧，自奮應募，隨移中監蘇武使匈奴，並見拘留十餘年，昭帝時乃還。漢嘉其勤勞，拜為光祿大夫。」

這位曾跟隨蘇武出使匈奴的使者常惠，曾在匈奴的控制下耗去了自己十九載的青春，但假若我們回眸遠望，便可看到，在解救蘇武之時，常惠的聰明才智的確讓人信服。

在蘇武被流放北海之後，「別其官屬常惠等，各置他所」，常惠等隨從被安置在了不同的地方。而後漢朝使者問及蘇武下落，匈奴謊稱蘇武已死。時至漢使者再次至匈奴，常惠說服看守而拜見漢使，從而為漢朝使者出得一解救蘇武之計：

「教漢使謂單于，言天子射上林中，得雁，足有繫帛書，言武等在某澤中。（《漢書》）」

讓漢朝使者告訴單于，說漢朝天子在林中射箭，得到一隻大雁，腳上有一封書信，說蘇武在某一沼澤處。

單于十分震驚，承認蘇武還活著，於是放還蘇武、常惠等九人回朝。

西元前七十二年（本始二年），漢朝派發大量關東強將，選拔各郡國擅長騎射的勇士。任命御史大夫田廣明為祁連將軍，率四萬多騎兵，從西河郡出發；派度遼將軍范明友率三萬多騎兵，從張掖出發；派前將軍韓增率三萬多騎兵，從雲中郡出發；任命後將軍趙充國為蒲類將軍，率三萬多騎兵，從酒泉出發；任命雲中郡太守田順為虎牙將軍，率三萬多騎兵，從五原出發。五位將軍，十多萬騎兵，從邊塞出發行進兩千多里。

與此同時，校尉常惠「持節護烏孫兵」（《漢書》），這是常惠第二次出使西域。不難看出，這次常惠的出使實則是聯絡烏孫配合漢朝的五路將軍征討匈奴。烏孫昆彌親自率領五萬多騎兵從西方攻入匈奴，與五位漢朝將軍一起出兵二十多萬。

若翻閱史料，我們便可看到，度遼將軍出塞一千兩百多里，到達蒲離候水一帶，斬殺俘獲匈奴七百多人，擄獲馬牛羊一萬多頭；前將軍韓增出邊塞一千兩百多里，在候山（今地不詳）斬殺、俘虜的匈奴一百多人，擄獲馬牛羊兩千多頭。蒲類將軍趙充國應當與烏孫國軍隊在蒲類澤圍擊匈奴，但烏孫軍隊比約定日期早到，提前離去。蒲類將軍出邊塞一千八百多里，向西到了候山，斬殺、俘虜三百多人，擄獲馬牛羊七千多頭。聽說匈奴人早已逃走，三位將軍均未按約定日期提前回朝。「天子薄其過，寬而不罪」（《漢書》），天子並沒有追究他們的責任。

祁連將軍出塞一千六百多里，至雞秩山，所獲不多，卻遇到了從匈奴回來的漢朝使者冉弘等人，冉弘說雞秩山的西邊有大批的匈奴，祁連將軍田廣明告誡冉弘，讓他回去後說沒有匈奴人，率兵回朝。虎牙將軍田順出邊塞八百多里，至丹餘吾水邊，駐紮部隊而不前行率軍隊返回了漢朝。

而後，虎牙將軍田順因未按約定日期回朝，且欺騙皇帝增加自己俘獲人畜的數量；祁連將軍明知匈奴就在前，卻停住軍隊不向前進。而後兩人被交與官吏審訊，最終田順及祁連後均引咎自殺。不難看出，於漢朝而言，這是一次規模龐大卻無功而返的進攻，持節護烏孫兵的常惠也並沒有發揮出其應有的協調作用。

這是一場漢朝失誤不斷的合圍之戰，而烏孫的進攻卻大獲全勝。

「昆彌自将翕侯一下五萬騎兵從西方入，至右谷蠡王庭，獲單于父行及嫂、居次、名王犁都尉、千長、騎將以下四萬級，馬牛羊驢橐駝

七十餘萬頭。（《漢書》）

原本與漢朝商定合圍匈奴之事變成了烏孫的單獨進攻，烏孫勝而後返，「合擊匈奴」之約定並未達成。

常惠隨昆彌回烏孫，不料卻在中途被烏孫人盜去節仗和印綬，討要無果，加之深知自己協調不力，常惠回到漢朝，知道辱命「自以當誅」，會被殺頭。不料漢朝五路大軍無功而返，加之漢朝聯合烏孫「斷匈奴右臂」之想法，也因烏孫的出兵而有進展，反而被封為長羅侯。

許多年後，當人們從被流沙掩埋的竹簡中找到長羅侯的字眼時，許許多多關於常惠的故事開始出現。

## 四、險峻之事

接下來的故事，於常惠而言，確是一件險峻之事。

西元前七十年（本始四年），天子再次派遣常惠出使西域。

為進一步鞏固漢朝和烏孫所達成的反匈聯盟，常惠要去獎賞征伐匈奴的有功者。身為長羅侯的常惠在臨行前上奏朝廷，以「龜茲國嘗殺校尉賴丹」之由，希望能「請便道擊之」，常惠欲攻打龜茲，宣帝不許，以免節外生枝。大將軍霍光對常惠心存不滿，指責常惠「以便宜從事」，認為常惠沒必要請示，自行處理即可。

常惠與隨從士卒五百人一起前往烏孫，很快便完成出使烏孫的任務。將在外，君令有所不受，在回程的途中，他擅自發動了一場攻打龜茲的軍事行動。常惠徵發龜茲以西各國兵士兩萬人，又派遣副使徵發龜茲以東各國兵士兩萬人，從烏孫徵得兵士七千人，兵分三路合圍龜茲。而後，常惠派人前往龜茲，責告其王以前殺漢朝使者之事。

此後之事，《漢書》載：

> 王謝曰：「乃我先王時爲貴人姑翼所誤耳，我無罪。」惠曰：「即如此，縛姑翼來，吾置王。」王執姑翼詣惠，惠斬之而還。

龜茲王見大兵壓境，自然驚恐，向常惠道歉，並說漢朝使者是父輩時貴族姑翼所誤殺，他並沒有罪責。常惠要求龜茲王交出姑翼並斬殺之，而後一場兩國之間的對峙悄然化解，不戰而屈人之兵，所說正是此理。但於常惠而言，違抗軍令而自作主張大規模組織兵士進攻他國，若無超人之膽識與魄力，無人敢為。常惠回程，漢宣帝未罰賞。關於此次行動朝中之態度，史書略去不談。常惠無恙，卻也牽人心弦。

西元前六十四年（元康二年），關於常惠的故事，和車師有關。自武帝始，漢朝和匈奴圍繞車師的征戰不斷。翻閱史書，我們便可以看到漢朝和匈奴之間因為車師而四起的煙雲。

西元前九十九年（天漢二年），漢武帝封投降於漢朝的匈奴介和王為開陵侯，以樓蘭國兵攻打車師，匈奴以數萬騎兵相救，漢兵失利，退走。

西元前八十九年（征和四年），漢以四萬騎兵擊匈奴，經車師北路，以樓蘭、危須等六國兵力合圍車師，車師投降，臣屬漢朝。

昭帝時，匈奴以四千騎士屯田車師。

宣帝時，遣五將率兵擊匈奴，屯田車師的匈奴逃走，車師與漢恢復往來。匈奴大怒，要車師以太子軍宿為人質遣送至匈奴，軍宿逃至焉耆，車師另立太子，與匈奴聯姻，常截擊漢朝使者。

西元前六十八年（地節二年），漢朝派侍郎鄭吉屯田渠犁，而後以一萬餘人進擊車師，漢糧草盡而撤回渠犁。不久，再發兵攻打車師，車師王求救於匈奴，匈奴未發兵，車師王為投降漢朝，攻打匈奴邊境小蒲類國，後投降鄭吉。

至此，車師再次歸降漢朝，匈奴在聽到車師歸降漢朝的消息後，怒不可遏，發兵攻打車師，遇到鄭吉、司馬熹率兵北上，匈奴不敢前進。於是鄭吉和司馬熹留下一位軍官和二十個士卒保衛車師王，引兵回渠犁。

車師王害怕匈奴，策馬逃至烏孫。不久，鄭吉派吏卒三百人屯田車師，有匈奴投降鄭吉，言於鄭吉單于大臣之言：

「車師地肥美，近匈奴，使漢得之，多田積穀，必害人國，不可不爭也。（《漢書》）」

果然，很快匈奴派騎兵攻擊漢屯田吏卒，鄭吉遂調屯田渠犁的吏卒一千五百人至車師，不料匈奴增派騎兵，漢朝寡不敵眾，退於車師城中。匈奴將軍於城下告訴鄭吉，匈奴王要奪得此地，漢朝不可屯田，圍城數日後才退走。此後，漢朝派數千騎兵往來保衛車師，鄭吉上書言：

「車師去渠犁千餘里，間以河山，北近匈奴，漢兵在渠犁者實不能相救，願益田卒。（《漢書》）」

對於鄭吉增加士卒的請求，漢朝大臣討論認為車師「道遠煩費」，可以暫且撤走車師屯田吏卒。

為了使鄭吉能夠順利撤出車師，漢朝派長羅侯常惠率軍前往解救。常惠以張掖、酒泉之騎兵，行進至車師以北一千餘里的地方，「耀威武車師旁」，斬斷了匈奴的去路，匈奴被迫撤走，鄭吉得以出車師。

常惠不戰而解車師之圍。

## 五、和親之約

西元前六十四年（元康二年），烏孫國國王昆彌透過常惠上書朝廷：

「願以漢外孫元貴靡為嗣，得令復尚漢公主，結婚重親，畔絕匈奴，

願騁馬騾各千匹。（《漢書》）

烏孫願意以漢朝的外孫元貴靡為王位繼承人，迎娶漢公主，結兩重姻親，斷絕與匈奴的關係，並願意以馬騾各一千匹作為聘禮。較之細君公主和解憂公主的和親，烏孫的主動和親，以及願意立解憂公主之長子為王，從中我們不難看出在對待漢朝態度上的變化。

於是，宣帝組織大臣們討論此事，為進一步建立和烏孫的聯繫，宣帝遣使者至烏孫，迎取聘禮。透過出土漢簡的推斷，張德芳先生推斷此次出使西域的使者應為常惠。昆彌和太子、左右大將、都尉派出使者，共三百餘人來到漢朝迎娶公主。皇帝以解憂公主的侄女相夫作為公主，設置官屬、宮女等一百餘人在上林苑中學烏孫語。宣帝親自到平樂觀，會見了烏孫使者和外國君長。以音樂歌舞遣送相夫公主西嫁，並派遣長羅侯常惠為副使，持節使者四人，送少公主至敦煌。

在少公主尚未遠行的道路上，一個關於烏孫的消息遠道而來。

烏孫昆彌翁歸靡突然病逝，烏孫貴族按岑陬生前之約，另立岑陬之子泥靡為昆彌。常惠上書宣帝，把少公主留在敦煌，馬不停蹄地趕往烏孫責問不立元貴靡為昆彌之事。想到解憂公主在烏孫四十餘年，烏孫在漢朝和匈奴之間「持兩端」而難結約，邊境少有安寧。不久，朝廷將少公主接回了長安。這一年，常惠接替了蘇武的職位，成為典屬國。

後來的故事便和這位狂王泥靡有關。狂王娶解憂並生有一子，但狂王不得人心，兩人不和，遇漢朝衛司馬魏和意、副侯仁昌等送侍子至烏孫，解憂公主聯合魏和意等人刺殺狂王，狂王逃走。解憂公主、魏和意及仁昌等人被圍於赤谷城中，鄭吉徵發附近兵士解圍。不久，漢朝派中郎將張遵帶著醫藥為狂王治傷，魏和意、任昌被斬首。車騎將軍長史張翁因在調查謀殺狂王之事時打罵公主，回長安後被處死。副使季都率人為狂王治傷，回長安因未見機除掉狂王而受宮刑。

西元前五十三年（甘露元年），烏孫分裂為大小昆彌兩部，常惠再次至烏孫赤谷城，代表漢朝冊封並授予印綬，烏孫從漢之盟國變為漢之屬國。

西元前五十一年（甘露三年），七十歲的解憂公主上書漢宣帝：年老土思，願得歸骸骨，葬漢地。也是在這一年，常惠陪同解憂公主回朝，兩年後，解憂公主去世。

在漢朝通往西域的路上，常惠留下了自己二十一載的光陰，常惠也成為漢朝與烏孫關係史中一座不朽的豐碑。

# 第五章

## 傅介子：刀鋒上的道路

五月天山雪，無華只有寒。
笛中聞折柳，春色未曾看。
曉戰隨金鼓，宵眠抱玉鞍。
願將腰下劍，直為斬樓蘭。

李白的〈塞下曲．五月天山雪〉描繪出絲綢之路的遙遠。一名步履匆匆的行者正從古老歲月的視線裡出現，他要到遠方去，在嘴角的緘默和跳躍於腰際刀鋒上的寒光裡，藏著他西行的祕密。他叫傅介子，他要到樓蘭去。

在古代，一座叫做樓蘭的古城，曾經長久駐立在人們的視野中。樓蘭在詩人的文字中，成為了一個充滿了寒意和偏遠的存在，對其所有的想像都和寒冷有關。正如李白在邊塞詩〈塞下曲〉中所描繪的那般，時值五月的祁連山上冰雪猶存，寒冷取代了春月的繁華簇簇，只有在悠揚的笛聲中才可以聽到折楊柳的曲調聲，春天未曾出現。戰士白日隨金鼓之聲作戰，暗夜裡枕馬鞍而眠，只為了以劍斬樓蘭。詩歌中的「樓蘭」，早已成為廣袤而又邊遠的西域的象徵，樓蘭古國的故事，也成為了悠悠絲路上不變的傳奇。

## 一、夢回樓蘭

歷史從未隱去她神祕的面紗，無數人走過的絲綢古道上，一座座城池曾在那裡崛起，創造出人類歷史上燦爛輝煌的文明。追尋絲綢古道的足跡，西出玉門關而至西域，樓蘭便成為首當其衝的要塞。這座位於羅布泊西北緣、地處塔克拉瑪干沙漠東部的古城，今日早已神祕消失於人們的視野，成為西域大地上眾說紛紜的未解之謎。

今天當我們翻閱史書，關於樓蘭的最早記載見於《史記》，司馬遷在《史記．大宛列傳》中有言，「樓蘭、姑師邑有城郭，臨鹽澤」，「樓蘭、姑師，小國耳」，至班固撰寫《漢書》，則在《漢書．西域傳》中有言：

「鄯善國，本名樓蘭，王治泥城，去陽關千六百里，去長安六千一百里。戶千五百七十，口萬四千一百，勝兵二千九百十二人……地沙鹵，少田，寄田仰穀旁國。國出玉，多葭葦，多檉柳、胡桐、白草。民隨畜牧逐水草，有驢馬，多橐他。能作兵，與羌同。」

在《史記》的記載中，樓蘭是西域小國，建國於鹽澤之側，有城池。此處所提及的「鹽澤」，即羅布泊。至《漢書》，對樓蘭國的記載則更為詳實，從中我們得知，樓蘭又叫鄯善國，建都扞泥城，離陽關有一千六百里路，離長安則有六千一百里。樓蘭有五千零七十戶人家，有一萬四千一百人，能充當兵士作戰的人有兩千九百零十二人。此外，班固在《漢書》中進一步介紹了樓蘭的生態狀況，田地多為沙地，缺少可耕種的農田，只得寄田於旁邊臨近的國家。盛產玉石，國中多有蘆葦、紅柳、胡楊、芨芨草等植物。人民逐水草而居，有驢馬，多駱駝，能作戰，與婼羌國比較相像。

大約在西元前三世紀，樓蘭人建立了自己的國家，在絲綢之路開通之後，由一個「隨畜牧逐水草」、「寄田仰穀旁國」的半耕半牧國家，發展成為西出陽關後打通西域的第一站。在通往西域的悠悠古道上，在張騫「鑿空」之後曾經出現了「使者相望於道」的中西文化交流盛景，這座雄踞絲路要衝的沙漠之舟，也因此成為中西物質文化交流的彙集地，樓蘭一度成為當時世界上最引人注目的大都市之一。

在新疆羅布泊樓蘭古城遺址中發現的殘紙和木簡，細究其內容，除公文文書之外，還有私人信札，說明了當時郵遞事業的繁盛，亦不難看出當時經濟文化交流的深入。從《史記》、《漢書》等史書的記載來看，幾百年來，樓蘭古國，這一曾經在絲綢之路上創造了璀璨文明的國度，逐漸淡出了人們的視野，一顆西域古道上的明珠神祕消亡了，除了滿目黃沙和遺留於其間的斷壁殘垣，沒有人知道樓蘭的祕密。當時間之舟行至唐朝時，樓蘭只出現在「願將腰下劍，直為斬樓蘭」的詩句中，關於其所有的想像，都是寒冷又遙遠的。樓蘭文明的消失成為無人知曉的未破解之謎，一座曾經駐立於西域大地上的古國，在歷史的足跡中悄然隱退，留下的是眾說紛紜的謎團和荒無人煙的茫茫大漠。

在時間的年輪跨過了一千多年後，沉睡於大地深處的樓蘭古國遇到了一位有緣之人，他便是瑞典探險家斯文．赫定（Sven Anders Hedin）。儘管今日在面對樓蘭和斯文．赫定時，眾多懷疑和猜測的聲音層出不窮，但毫無疑問的是，在長久的沉默之後，他為一座處在黑暗中的城市點亮了燈盞，使無數現代人停下腳步，去找尋茫茫荒漠樓蘭古國曾經的輝煌。

一九〇〇年，瑞典探險家斯文．赫定再次踏上了冒險之旅，這位在塔克拉瑪干沙漠中九死一生的瑞典人，憑著對羅布泊歷史謎團的興趣，踏入人煙稀少的羅布荒原，支撐著他的是穿越羅布死界的信念。

一九〇〇年三月二十八日，斯文．赫定將樓蘭古國的命運翻開了新的一頁。在行進至羅布泊北方的荒漠時，他遇到了一座古代的建築遺址，一座類似佛塔塔基的土台和尚未被風沙掩蓋的房屋基址，呈現在他面前，他從中撿到了方孔銅錢和建築零件，為了節省水源，斯文．赫定只得繼續前行。在準備宿營的當天晚上，當他們準備掘井以供應駱駝的水源時，才發現將唯一的鐵鍬遺落在了之前的遺址中。同行的奧爾得克無奈之下，只好折返去找鐵鍬，不巧的是，很快狂風用沙塵掩蓋了奧爾得克所有的足跡。直至天亮，奧爾得克依舊沒有回來，探險隊只好丟下奧爾得克向南而行，在傍晚準備紮營時人們驚奇地發現，奧爾得克拿著那把丟失的鐵鍬回來了。奧爾得克在大風中迷了路，在尋找鐵鍬的過程中，找到了另一個古代遺址，他從那裡帶回了一些裝飾精美的木雕，赫定興奮不已，但飲水成為了他們最大的威脅，他十分惋惜地離開了。

一年後，斯文．赫定的再次回來以完成夙願，當他踏進奧爾得克曾經進入的古城時，這一古城打開了它塵封已久的大門，大量的文書和書簡被斯文．赫定帶回歐洲，一座消失已久的樓蘭古城，在木簡和紙本文書中緩緩呈現。而後，王國維等中國學者投身樓蘭文化研究，《流沙墜簡》流傳於世，一座古城的出現令世人震驚不已。

在長久的沉睡之後，樓蘭再次撥開歷史風塵，站在了世人面前，她的每一次亮相都引起世人難以置信的驚嘆。時至一九八〇年，考古隊員同《絲綢之路》拍攝團隊行至羅布泊時，一座古樓蘭人的墓葬出現在眼前，乘載著一具三千三百八十年前古代樓蘭女性的屍體。這具屍體完好無損，面容清秀，栩栩如生，「樓蘭美女」第一次向世人展現出她的微笑。二〇〇三年，中國考古學者在小河墓地找到了另一具樓蘭美女的乾屍，頭戴毛氈帽，腳穿牛皮筒靴，身裹毛織斗篷的「小河公主」安詳沉睡於沙海之中，其面相呈現出典型的歐羅巴人的特徵，「樓蘭美女」的相繼出現再一次引起了世人的震動，面部特徵相像於歐洲人的樓蘭女子，千年之前怎麼會出現在中亞？羅布泊古代居民屬於什麼人種？樓蘭王國的消失經歷了怎樣的過程？在諸多謎團中，樓蘭成為了絲綢古道上動人心魄的傳奇。

## 二、古道上的質子

在古代，「納質」成為中原和西域諸國之間一條險峻而未卜的道路。

從張騫鑿空以來，行走在絲路古道上的，除了往返各地相望於道的使者、風塵僕僕的商旅、兵戈相見的志士、遠嫁他鄉的女子，亦有在政治棋盤上行走的質子。在歷史的長河中，由派往敵方或他國而去的質子，衍生出十分完備的納質政策，成為兩漢時期處理民族關係的重要制度。翻閱史書，不難看出強加於質子身上的重負和遠赴異鄉的無奈。當我們回眸遠望兩千年前的茫茫絲路，樓蘭國的質子正在前往他鄉。

《漢書．匈奴傳》曾有言載：

> 樓蘭既降服貢獻，匈奴聞，發兵擊之，於是樓蘭遣一子質匈奴，一子質漢。

在茫茫史書中，我們並未找到兩位質子的姓名，但從簡約的記載，中不難看出樓蘭的兩難之處境。也是從張騫通大宛諸國以來，絲綢之路上使者「相望於道」。在使者的遊說和交流之外，於漢武帝而言，通西域各國而定西域的宏偉藍圖正在緩緩展開，樓蘭便成為西出陽關所面臨的第一個關隘。樓蘭降服於漢朝，匈奴得知後，發兵攻打樓蘭，於是樓蘭國遣一質子於匈奴，又派遣一質子於漢朝。

從絲綢之路線路圖來看，西漢時期的三十六國之一的樓蘭，約處於塔里木盆地的東端，是絲綢之路上的咽喉要地。因此樓蘭成為絲綢之路上十分重要的貿易轉運站。西漢和匈奴之間的鬥爭，也常常停留在對樓蘭國控制權的爭奪上。

《漢書．西域傳》中曾記載西域絲路開通之後樓蘭國的狀況：

> 樓蘭，姑師當道，苦之，攻劫漢使王恢等，又數爲匈奴耳目，令其兵遮漢使。

不難看出，樓蘭、姑師諸國因其優越的地理位置，處在絲綢之路的咽喉要塞之地，當於道而不讓，使漢朝使者苦不堪言。樓蘭曾經攻劫漢朝使者王恢等人，又多次充當匈奴耳目，動用兵士阻擋漢朝使者。那時漢朝極力想打開一個新的局面，但是對於匈奴而言，在這場艱難的博弈中，控制樓蘭也顯得十分重要。

從漢朝使者對樓蘭的了解來看，樓蘭國「兵弱易擊」，應該採取武力降服。而後漢武帝以數萬兵力攻擊姑師，以輕騎士百餘人擄樓蘭王，破姑師，遂有樓蘭臣服西漢，而引匈奴攻打之事端。迫於無奈，遂有樓蘭各派一質子於匈奴和西漢之事。

「小國在大國間，不兩屬無以自安。」樓蘭在漢朝與匈奴之間的特殊戰略位置可見一斑，而承擔著這兩個大國之關係平衡的，便是樓蘭派往漢朝（中原）和匈奴的質子，質子也便成了兩國之間抗衡和博弈的砝碼，兩國之間因戰爭而起的煙雲，也便時常縈繞在他們的命運之上。

另一場關於樓蘭的風波，發生在西元前九十年（征和元年），質子依舊是當時風波中的中心人物和重要棋子。征和元年的這場風波源起於樓蘭國國王的離世，而王位繼承人那時都以質子的身分流落於西漢和匈奴之中。樓蘭國使者在疲憊和匆忙之中趕至中原，那是一次事關兩國鬥爭誰占有主動權的機遇，而樓蘭國使者的到來，恰恰表現出樓蘭對不甚親近的匈奴的疏離。樓蘭使者來請在西漢的質子，希望能立這一質子為樓蘭國的國王。

這本是一次西漢在漢匈關係中獲得主動權的大好時機，但令人尷尬的是，史書中對樓蘭欲立漢之質子的記載：質子常坐漢法，下蠶室宮刑，故不遣。派往漢朝的樓蘭國質子因犯罪而被處以宮刑，打入暗室，所以不能遣送其回國。樓蘭使者被告知因漢朝天子十分喜愛質子，而不遣送其回國，令樓蘭立次子為王。當樓蘭再立其王，匈奴責備樓蘭遣送一質子至中原，生於大國之間的樓蘭迫於匈奴的壓力，故又遣送一質子至匈奴。而後樓蘭國國王死去，匈奴得知這一消息，遣送質子回國為王，漢室派使者見樓蘭王，令其入朝見漢室天子，將以厚賞封賜。樓蘭王推辭不見。在此之後，加上匈奴離間，樓蘭數次劫掠東漢使者，兩國關係一度陷入危機。

回眸遠望，歷史風塵中，兩國之間的鬥爭，如棋子般遠去的質子們的命運，終究和無奈與悲涼有關。那些在歷史車輪的深處殘存著的關於他們的文字，因此也變得駁雜而又滄桑。

## 三、斬殺樓蘭王

西元前八十年（元鳳初年），在歷史昏黃的記憶中，遠道而來的傅介子穿過眾人走過的荒涼和繁華，來到了樓蘭。

關於傅介子的介紹，《漢書》有言：

> 傅介子，北地人也，以從軍爲官。

這位因參軍而被提升為官的北地之人傅介子，關於他的出生地則是充滿了爭議，秦漢時期的北地所涉範圍寬廣，從陝西中部至甘肅東部均屬於北地之區域，有研究者認為是陝西銅川市耀州區，也有研究者認為是甘肅慶陽的西北地區。今天的甘肅慶陽慶城縣，依舊還有傅家蒼和傅介子墓，墓前有石馬、石羊、石虎、石人各一對，並有明玄宗正德八年（西元一五一三年）游擊將軍張恆刻立的碑文。正如李夢陽所記載：東山葬不空（周失祖），西山葬介子。小說家高建群在以傅介子為主人翁的中篇小說《刺客行》中，則認為傅介子沒有回到中原，有可能融入李陵將軍三千降卒之中而安享晚年。

在傅介子出生地址之外，不容置疑的是，他為漢匈之爭做出的不可磨滅的貢獻。樓蘭國地處要位，加之匈奴離間，常於絲綢之路劫掠漢朝使者，盜取官印財物。傅介子奉旨指責樓蘭劫殺漢使一事，樓蘭王謝罪臣服；而後，傅介子至龜茲，指責龜茲王劫殺漢使一事，龜茲王亦服罪；而後傅介子從龜茲至大宛，打聽到匈奴使者正從烏孫回來，「介子因率其吏士誅斬匈奴使者」，而後回國，功成名就。

從傅介子的首次出使，我們不難看出一員英勇的軍官身上所具有的威武之氣。在歷史的舞台上，他首次出使西域便畫上了濃墨重彩的一筆。人們關於傅介子的想像，也便充滿了無堅不摧的浩然正氣。於傅介子而言，命運僅僅打開他馳騁西域的第一道門，此後的道路如同刀鋒一般鋒利而又耀眼。

就在傅介子完成首次出使任務之後，命運又打開了傅介子關於樓蘭的第二道門。西元前七十七年（元鳳四年），傅介子再次趕往西域。關於他的故事，總是匆忙而又迅疾，如刀鋒和閃電深處銳利的光。

打開茫茫史書，塵封已久的文字在傅介子前往西域的道路上或隱或現。這一次傅介子要去刺殺樓蘭王，關於傅介子刺殺樓蘭王之因，《漢書》有言：

「樓蘭、龜茲數反復而不誅，無所懲艾，介子過龜茲時，其王近就人，易得也，願往刺之，以威示諸國。」

傅介子認為，樓蘭、龜茲數次劫殺漢使而不討伐，從龜茲經過時，發現龜茲王易接近人，容易得手，願意前往殺之，以求威震西域諸國。大將軍霍光則認為「龜茲道遠，且驗之於樓蘭」，龜茲國路途險遠，可先去樓蘭一試。於是，一個斬殺樓蘭國國王的計畫，又在暗夜裡展開。

傅介子帶著金幣趕赴樓蘭，穿過漫長的絲綢古道，並宣揚此行是為了賞賜西域諸國。行至樓蘭，樓蘭王對傅介子十分冷漠，不見。終於，傅介子離開，向西而去，他的計謀藏在沉默裡。

行至樓蘭邊境，傅介子把金幣拿給身邊的樓蘭國翻譯人員看。

「漢使者持金錦繡賜增各國，王不來受，我去之西國矣。

（《漢書．西域傳》）」

樓蘭國王安歸貪圖金幣，來見傅介子，傅介子以金幣示之，設宴招待，酒醉。傅介子對樓蘭王說，天子安排我私下和國王會談。安歸國王隨傅介子進入後帳，預先埋伏下的兩名壯士持刀從背後刺向樓蘭王，樓蘭王當場死去，周圍的樓蘭國貴族四散而逃。絲綢之路上的一座關隘就此倒下。

如此情形下，傅介子向眾人宣布，樓蘭國王安歸叛漢，天子下令斬殺了他，立其親尉屠耆耆為王。在此關鍵時刻，為震懾一方，告知眾人曰：「漢兵方至，毋敢動，動，滅國矣！」自此，樓蘭歸附漢朝，改國名為鄯善。

隨後，傅介子持樓蘭王安歸首級回漢，朝廷上下一片嘉獎，傅介子因此被封為義陽侯，聲名遠颺。傅介子以幾名吏士殺安歸王而定樓蘭，其膽識自不必多言。

今日來看，傅介子赴樓蘭，斬殺安歸，迫使匈奴遠退至樓蘭之外，是漢匈之鬥爭取得關鍵勝利的法寶。自此之後，漢與西域關係日漸密切，絲綢之路南道也暢通無阻。回眸遠望，悠悠絲路上，那個叫傅介子的志士行者，於刀鋒之間，寫下了銳利而又動人心魄的一筆。

# 第六章 陳湯和甘延壽：歷史深處的嘆息

「漢家男兒戍邊關，縱橫沙場未等閒。
千里遠襲斬首處，一劍封喉震天山。」

在一首詩的壯闊和威武中，一名叫陳湯的壯士正向我們走來。與陳湯同生共死的，還有甘延壽，這個故事和他們有關。

自古英雄多豪傑，時間的車輪穿過歷史的長河，在舉世聞名的絲綢之路上，塵封的歲月留下了他們濃墨重彩的一筆。出身貧賤，仕途多舛，此生只經一戰留名千古；武將之才，出生入死，果敢迎戰匈奴蕩氣迴腸。那些在歷史長河中肩負重任的鐵血英雄，他們的身影，在今日看來，依舊耀眼奪目。

## 一、匈奴南下作亂

一個戰無不勝的時代悄然退去，英雄遲暮。

西元前四十九年（黃龍初年），漢元帝即位時，劉氏王族在經歷無數次血雨腥風後，迎來了衛青、霍去病、趙充國等將星璀璨的輝煌時代。從楚漢相爭、平定諸侯到七國之亂，以及漢王朝近百年的漢匈之戰。刀光劍影遠去，漢朝的治國之策也從「王霸道雜用」轉向了儒家減刑寬政、不與民爭利的寬鬆政策。在一片祥和與安定中，一個消息的到來打破了所有的平靜：漢朝派送至西域護送匈奴質子駒於利受的衛司馬谷吉等人，在匈奴境內被郅支單于殘忍殺害！朝廷上下議論紛紛，那個口口聲聲說要內附降漢的匈奴單于，竟敢殺我大漢王朝的使臣！

西元前六十年（神爵二年），匈奴國內爆發「五單于相攻」的動亂，莫頓單于的後代在爭奪汗位的過程中自相殘殺，《漢書．宣帝紀》有相關的記載：

> 死者以萬數，畜產大耗什八九，人民饑餓，相燔燒以求食，因大乖亂。

足以見出在當時的時代背景下，匈奴的處境之危急，和漢軍的多次戰爭，加之內部叛亂，匈奴內外交困。

時間行至六年之後，關於「南匈奴附漢」的故事引人注目。呼韓邪單于和郅支單于先後遣使漢朝，希望能夠得到漢朝的支持，從而在內部鬥爭中取得勝利。漢朝則「均待之優厚」，呼韓單于戰敗於郅支單于，尋求援助心切，兩次隻身入朝，朝廷賞賜頗豐，同時派兵護送，協助其討伐其他不服者。

呼韓邪單于朝見漢宣帝劉詢回國之後，不僅得到了漢朝豐厚的衣物、金銀賞賜與充足的穀米糧食，而且有數萬漢朝軍隊的援助，溫飽和安全問題無虞。

郅支單于眼看大勢漸去，掉轉攻打方向，繼續向西進軍，將矛頭轉向漢朝在西域的盟國烏孫。此時，恰逢烏孫因內亂而分裂，漢宣帝劉詢放棄了烏孫同盟，接回了嫁給烏孫王的漢朝公主。郅支單于在西域有了喘息時間，一邊向漢朝稱臣，一邊緊鑼密鼓在西域蠶食土地。

至漢元帝劉奭時，郅支單于逐漸成為大漠以西的霸主，而漢朝則因為郅支單于所在領地偏遠而對其一忍再忍。漢朝的隱忍，換來的是郅支單于在西域的肆無忌憚。郅支單于在擊敗了烏孫後，繼續揮師向北，將西伯利亞一帶的烏揭（今阿爾泰山脈以西）、堅昆、丁零三國接連吞下，並在堅昆設立了新的單于廷。

西元前四十五年（初元四年），郅支單于遣使來長安進貢，順便想把十年前送來充當人質的兒子要回去，並假意承諾願歸附漢朝。面對郅支單于卑劣的外交手段，軟弱的劉奭欣然答應派出使臣護送郅支單于之子至郅支單于王庭，是為漢朝使臣被郅支單于殺掉這一事件的背景。

兩國修好，不斷來使，口口聲聲歸附漢朝的匈奴單于，竟出爾反爾殺掉使者，這無疑是在向漢示威，郅支單于對於大漢王朝的挑釁顯而易見。

西元前四十四年（初元五年），西邊的康居國前來求援，希望聯合北匈奴攻打烏孫。於是郅支單于引北匈奴到康居東部居住，郅支單于深知自己被漢匈軍隊夾擊的危險，於是一路奔逃，其部下在長途跋涉中損失慘重，到目的地時只剩三千餘人，郅支單于元氣大傷。

遠離漢境，身處康居，郅支單于自覺高枕無憂，便開始濫殺無辜以泄憤，並數次擊打烏孫，殺掠人口、驅搶畜產，橫行西域。漢朝三次派使者到康居索要使臣谷吉等人的屍體，他回答：

「居困厄，願歸計強漢，遣子入侍！」

他說，這裡住的條件很不好，正打算投奔大漢王朝，我正準備再次把兒子派過去做人質。

此後的故事更加兇險。

## 二、於危難之際受命

陳湯，自幼聰明好學，習文好武，寫得一手錦繡文章。但其家境貧寒，靠乞討為生。少年時的他深知唯有做官才能改變生活處境，歷經千難萬險到長安去求取官職，憑過人才智謀得太官獻食丞一職。在此他結識了此生的貴人——富平侯張勃。

西元前四十七年（初元二年），漢元帝下詔，要求公侯大臣推薦年輕的人才，張勃便向朝廷推薦了陳湯。不料，在等待安排職位期間，陳湯之父突然去世。做官心切的他沒有按慣例奔喪回家，被人檢舉不守孝道，遭受牢獄之災，一番討饒之後才從牢獄中脫身。後來又被舉薦為郎官。按照漢朝的規定，成為郎官僅僅意味著進入官場，並不能保證一定會陞遷，出身卑賤的陳湯，改變命運的唯一途徑就是到邊塞建功立業，陳湯請求出使外國。

西元前三十六年（建昭三年），他被任命為西域都護府副校尉，與西域都護甘延壽一起出使西域。

甘延壽是西漢北地郁郅（今慶城縣）人，當時皇帝的侍衛部隊羽林、期門多由隴西、天水、安定、北地、河西等六郡良家子弟組成。甘延壽少時即參加羽林軍，善於騎射，力大無比，曾有詩形容：

> 投石拔距絶於等倫，嘗超逾羽林亭樓。

後來，甘延壽在比武中被選拔進入期門軍，受到皇帝喜愛，不久即陞遷為遼東太守，後來被罷免了官職。漢元帝時，經車騎將軍許嘉鼎力推薦，又擔任郎中諫大夫。

在西行途中，陳湯為司甘延壽解析了一番戰略與戰術形勢：

> 夷狄畏服大種，其天性也。西域本屬匈奴，今郅支單于威名遠聞，侵陵烏孫、大宛，常為康居畫計，欲降服之。如得此二國，北擊伊列，西取安息，南排月氏、山離烏弋，數年之間，城郭諸國危矣。且其人剽悍，好戰伐，數取勝，久畜之，必為西域患。郅支單于雖所在絶遠，蠻夷無金城強弩之守，如發屯田吏士，驅從烏孫衆

兵，直指其城下，彼亡則無所之，守則不足自保，千載之功可一朝而成也。」

在陳湯看來，尚未開化的蠻夷只認強者、服強者。身為蠻夷的郅支單于現在正是強大之時，代表強者，而西域諸國原本是尚未開化的狄夷民族，現在的形勢是郅支單于威名遠播，有吞併烏孫大宛、稱霸中亞豺狼之心，若讓其得逞，則西域諸國勢必徹底脫離大漢王朝，投入強悍的匈奴懷抱。一旦讓北匈奴的這一目的得逞，西域將永無寧日。對郅支單于之戰宜早不宜遲，與其養虎為患，不如先發制敵。如今的郅支單于雖然地處漢朝的邊遠境地，但是游牧民族終究不擅長守城，如果漢朝起用屯田兵力，以漢朝皇令調用西域諸多部隊，則能一併乘機徹底拿掉郅支單于這一禍害，此千載之功一朝可成也！

陳湯高瞻遠矚的論述讓甘延壽一身冷汗，隨即要奏請漢元帝劉奭。陳湯認為戰機萬變、不容貽誤。中央官吏遠離一線、敵情不明，必須果斷行事、先斬後奏。然而甘延壽不敢做主，「猶與不聽」，在主官不同意的情況下，身為副職的陳湯縱然把戰爭規劃制定得再完美，似乎也只能是紙上文章。

上蒼是在冥冥中給了陳湯一次良機：主帥甘延壽突然病了，正職主官久病臥床，陳湯這個副校尉自然要代職理事。陳湯以都護名義假傳漢廷聖旨，調集漢朝在車師（今新疆吐魯番地區）地區的屯田漢軍，還集合了西域諸國發出徵召令。

聽說要討伐郅支，西域國家紛紛派兵前來助戰，這其中包括被郅支單于多次攻殺的烏孫。

浩浩蕩蕩的大軍正準備發兵之際，臥病在床的甘延壽得知消息，馬上從病床上「驚起」，想要阻止這次作戰行動。對於矯詔發兵的陳湯而言，此時漢軍與西域諸國的「多國部隊」已經集合完畢，已經沒有退路。值此緊要關頭，陳湯怒髮衝冠、手按劍柄，厲聲警告甘延壽：「大軍都已集合，你想讓眾軍泄氣嗎？」甘延壽見大勢既定，只能就此搭上陳湯的戰車。

甘、陳二人通力合作，一面派人回長安向皇帝上表「自劾」矯詔之罪，同時「陳言兵狀」；一面率領胡漢雜陳的四萬大軍向西出發。就這樣，漢家王朝多年不動的軍事武器，終於在陳湯這個名不見經傳的無名小卒手中，再次派上用場。

## 三、長途奔襲三千里

郅支殺害漢使、遠逃康居八年後，迎來西元前三十六年。這年冬天，大漢王朝西域都護、騎都尉甘延壽、副校尉陳湯統率四萬漢胡大軍向康居挺進，大軍分成六路縱隊，其中三路縱隊沿南道（塔里木盆地南邊緣）越過蔥嶺（帕米爾高原），穿過大宛王國。另三路縱隊，由北道（塔里木盆地北邊緣）經烏孫王國首都赤谷城，橫穿烏孫王國，進入康居王國邊界，挺進到闐池（中亞伊賽克湖）西岸。甘、陳大軍沿途擊潰敵軍搶掠部隊，安撫受驚小國，探聽對手虛實。進入康居國境東部後，陳湯表現出非同一般的作戰經驗：下令嚴守軍隊紀律，不得燒殺搶掠，並與當地的康居首領飲酒為盟，距單于城三十里外紮營。

當地的康居人記恨郅支單于的殘暴，將城內匈奴人駐紮部署實情盡數告知給陳湯。在康居嚮導的指引下，漢胡聯軍勢如破竹。

當陳湯「多國部隊」奇蹟般出現時，郅支單于一直蒙在鼓裡。他所表現出的茫然、慌亂和無措，與先前的狡詐、強硬形成了鮮明對比。大軍壓境，慌亂之中他遣使來問：「漢兵來這裡做什麼？」漢軍的回答十分有趣：「單于您曾上書言『居困厄，願歸順強漢、身入朝見』。天子可憐您放棄大國、屈居康居，故使都護將軍來迎。」

雙方就這樣一問一答，傳遞了好幾通外交辭令，最終漢方不耐煩了，下達最後通牒：「我們兵來道遠，人困馬乏，糧食也不多了，叫貴單于和大臣快拿個主意吧。」戰爭的味道終於瀰散開來。

戰爭的大幕正式拉開，大軍開至都賴水畔，距敵城三里處紮陣。單于城上旗幟飄揚，將士披甲戒備，騎兵來往馳騁於城下，百餘匈奴騎兵衝向漢軍營壘時，漢營軍士「皆張弩持滿指之」，敵騎撤退。隨後，漢軍強弓部隊出營，匈奴騎兵喪膽，撤回城內。

甘、陳大軍在戰鼓聲中開始攻擊，單于雖親自指揮戰場，依舊未能改變匈奴軍戰敗的命運。郅支單于被一箭射中鼻子，撤回城內，其妻妾多人中箭死亡，守軍潰敗。

西元前三十五年正月，在奔赴漢朝首都長安的快馬上，掛著的是北匈奴郅支單于的頭顱，一場戰亂在時間的塵埃中落下帷幕。

南匈奴的命運從此和大漢王朝綁在了一起，自秦漢以來的北方邊患因此得以根除。

如今常為人提起的是大獲全勝後甘延壽、陳湯給漢元帝發去的那封著名疏奏：

> 「郅支單于慘毒行於民，大惡通於天。臣延壽、臣湯將義兵，行天誅，賴陛下神靈，陰陽並應，陷陣克敵，斬郅支首及名王以下。宜懸頭槁於蠻夷邸間，以示萬里，明犯強漢者，雖遠必誅！
>
> （《漢書・傅常鄭甘陳段傳》）」

其辭蕩氣迴腸、千古流芳。

陳湯與甘延壽立此奇功，按理應封賞，劉奭卻仍被閹黨和外戚所左右。石顯和匡衡發難上書：

「甘延壽、陳湯擅興師矯詔，朝廷不加誅戮，已屬厚幸；若再封以爵邑，誠恐將來奉使之人，各欲乘危僥倖，生事蠻夷，為國招難，此風斷不可開。（《漢書・傅常鄭甘陳段傳》）」

石顯和匡衡認為，甘延壽、陳湯擅自興師，假託君命，所幸能夠不被誅殺；如果又賜給爵位，分封土地，那麼以後奉命出使的人都會爭著想乘危僥倖出兵，在蠻夷地面滋生事端，為國家招致災難，不能開先例。

甘、陳被軟禁起來，接受有司訊問。

議郎耿育上書：

「延壽、湯為聖漢揚鉤深致遠之威，雪國家累年之恥，討絕域不羈之君，係萬里難制之虜，豈有比哉！先帝嘉之，仍下明詔，宣著其功，改年垂歷，傳之無窮。應是，南郡獻白虎，邊陲無警備。會先帝寢疾，然猶垂意不忘，數使尚書責問丞相，趣立其功。獨丞相匡衡排而不予，封延壽、湯數百戶，此功臣戰士所以失望也。孝成皇帝承建業之基，乘征伐之威，兵革不動，國家無事，而大臣傾邪，讒佞在朝，曾不深惟本末之難，以防未然之戒，欲專主威，排妒有功，使湯塊然被冤拘囚，不能自明，卒以無罪，老棄敦煌，正當西域通道，令威名折衝之臣旅踵及身，復為郅支遺虜所笑，誠可悲也！至今奉使外蠻者，未嘗不陳郅支之誅以揚漢國之盛。夫援人之功以懼敵，棄人之身以快讒，豈不痛哉！且安不忘危，盛必慮衰，今國家素無文帝累年節儉富饒之畜，又無武帝薦延梟俊禽敵之臣，獨有一陳湯耳！（《漢書・傅常鄭甘陳段傳》）

劉向也曾上奏：

西域都護延壽，副校尉湯，承聖指，倚神靈，總百蠻之君，攬城郭之兵，出百死，入絕域，遂蹈康居，屠三重城，搴歙侯之旗，斬郅支之首，縣旌萬里之外，揚威崑山之西，掃谷吉之恥，立昭明之功，萬夷懾伏，莫不懼震。呼韓邪單于見郅支已誅，且喜且懼，鄉風馳義，稽首來賓，願守北，累世稱臣。立千載之功，建萬世之安，群臣之勛莫大焉。（《漢書・傅常鄭甘陳段傳》）

陳湯、甘延壽此役，為長達數年的漢匈戰爭畫上了圓滿的句號，同時為大漢王朝換來了長久的邊境安寧——為將者，夫復何求？雖君王待其不公，此事令人慨嘆。時至今日，追尋陳湯、甘延壽的足跡，於久遠的歷史之外，我們還可以聽到歷史深處的嘆息。

# 第七章

# 鄭吉和段會宗：絲路蒼穹下的光芒

大漢風塵日色昏，紅旗半捲出轅門。
前軍夜戰洮河北，已報生擒吐谷渾。

春秋戰國乃至西漢，中國初定之際，人才輩出，隨手掀開那段歷史的一頁，信手邀來一人，都能滔滔不絕說上一段，掩卷而思，大有恨不生逢其時之嘆。

在王昌齡筆下，驍勇善戰的英雄們在前線戰績顯赫，令人振奮，在這驚心動魄的時光裡，兩個在歷史風塵中叱吒風雲的壯士正向我們走來。

## 一、西去的身影

有人正從歷史的遠方趕來，那些向西而去的往事因為他們而顯得愈加蒼茫。

鄭吉，西漢會稽郡人士，從一介兵丁做起，由侍郎征西域始而至任安西都護使，《漢書》評價鄭吉曰：「漢之號令班西域矣，始自張騫而成於鄭吉。」《漢書．傅常鄭甘陳段傳》中說道「吉為人強執，習外國事」，鄭吉溝通西域之功勞不可忽視。

談及生長在甘肅天水的段會宗，漢元帝時他以杜陵縣令的身分出任西域都護、騎都尉、光祿大夫；回長安後做過沛郡、雁門等地的太守；後於陽朔年間（西元前二十四～前二十一年），第二次出任西域都護，此後又四度出使烏孫，並於西元前十年（元延三年）在烏孫去世，享年七十五歲。段會宗出使烏孫期間，正當烏孫多次內亂之際，他代表朝廷平定叛亂，冊立新君，為多民族國家的團結和統一貢獻良多，在西域各族人民中享有很高威望。

此外，提及《漢書．傅常鄭甘陳段傳》，許多人選擇了和鄭吉、段會宗一樣的生活，他們的腳步都和絲綢之路有關。如今回望，歲月蒼涼，往事如風，恍如昨日，傅介子、常惠、鄭吉、甘延壽、陳湯、段會宗等人走向了歷史深處，他們的名字和事蹟在一個個古老的文字中緩緩展開。

傅介子，漢昭帝時以駿馬監求使大宛，奉詔責樓蘭、龜茲遮殺漢使，在龜茲誅斬匈奴使者，後又至樓蘭以計刺殺其王安歸。

常惠，隨蘇武使匈奴，被拘留十九年。漢昭帝時以校尉持節護烏孫兵，入至匈奴右谷蠡王庭，取勝。後又擊龜茲，屢次建功。

鄭吉，多次出使西域，漢宣帝時以侍郎帶人屯田渠犁，徵發西域諸國兵和田卒，攻破車師，奉使護鄯善以西的南道。後又迎降匈奴日逐王，從此威震西域。

甘延壽，曾任西域都護。漢元帝時與副校尉陳湯徵發西域兵士及屯田吏士，進擊康居，殺匈奴郅支單于。

陳湯，漢元帝時與西域都護發兵擊康居，殺匈奴郅支單于。

段會宗，西元前三十三年（建武九年）為西域都護，西域敬其威信。漢成帝陽朔年間復為都護，兩次平定烏孫內亂，後病死於烏孫。

絲綢之路上的使者們目光深邃，腳步沉穩。

## 二、走入史冊的安遠侯

這是漢朝在西域屯田的開始。

時間之舟回到西元前六十八年，西漢宣帝地節二年，朝廷派遣時任侍郎的鄭吉，率領免刑的罪人在渠犁（今庫爾勒地區）屯田積糧，為進攻車師做準備。秋天，糧食收畢，鄭吉徵調諸國兵力萬餘人與屯田將士一千餘人聯合進攻車師，攻破其國都交河城。車師王身居城北的石城，軍糧告急，鄭吉等只得暫時罷兵屯田。

第二年秋收畢，再次發兵攻石城。車師王向北逃至匈奴求救，但匈奴未發兵來援。車師王無奈，後終降漢。

西元前六十二年（元康四年），匈奴因車師降漢，發兵攻之。鄭吉、司馬憙引兵北上，匈奴怯，不敢戰。

此後的故事和車師王有關。

見匈奴膽怯，鄭吉派部分軍士駐守交河城，大部分軍士西歸渠犁繼續屯田。在歷史的記載裡，鄭吉留下了一位軍士和二十名士兵，此時車師王膽怯，國中無充裕兵士，萬一匈奴揮旗再來，自己必身死匈奴箭下，於是抽身逃往烏孫。

鄭吉聞訊，思慮良久，遂將車師王的妻子、子女接至渠犁，而後又輾轉送至漢都長安。漢宣帝待之甚厚。而後同意在車師置三百人屯田，此為漢軍駐車師之始，一些計畫開始在西域的大地上長久地生根發芽。

插入一則險要的故事。

「車師地肥美，近匈奴，使漢得之，多田積穀，必害人國，不可不爭也。」此話出自一匈奴俘虜之口，鄭吉聽到這話的時候他的心情和天色一般，略顯昏暗。

不久，匈奴果派兵襲車師，鄭吉率領屯田將士一千五百餘人支援，匈奴增兵，鄭吉寡不敵眾，退守交河城中，匈奴遂包圍之，情況緊迫。

數日之後，憑交河城險要的地勢，匈奴無計可施，退兵。

鄭吉身陷困境，上書說，車師與渠犁兩地相隔千里，有山水相隔，其北方又與匈奴接壤，漢軍從渠犁出發，根本來不及響應車師出現的軍事變故，因此應該增加屯田人數。

一場討論在相隔千里之外的漢室展開，大臣們議論紛紛，因國力所限，大規模駐軍車師無法實現，於是撤銷了在車師的屯田。此時，長羅侯常惠身負重任，率張掖、酒泉之軍縱深千餘里攻擊匈奴。匈奴退兵，鄭吉脫身，回到渠犁。

撤銷屯田的消息傳向西域，鄭吉一臉蒼茫。

談及逃至烏孫的車師王。

見到落難逃荒的車師王，烏孫國國王上書宣帝，願留車師王於國內，若漢室需要，則可配合漢軍攻打匈奴。而此時的烏孫，在國策上偏向於匈奴，宣帝思慮再三，要求召回流亡在焉耆國的原車師王子，立其為新車師國王，遷車師國民到渠犁，將車師之土地留給了匈奴。

而後，派侍郎殷廣德出使烏孫國，降旨責車師王，而後又賜房屋給他的妻子兒女。漢朝放棄了車師的土地，得到了車師的人民。

一場和匈奴有關的風波到來。

西元前六十年（神爵二年），匈奴日逐王派人與時任護鄯善以西使者的鄭吉相謀，欲率眾來降投奔鄭吉。鄭吉欣然發動渠犁、龜茲諸國五萬兵馬接迎，叛降匈奴兵士共有一萬兩千人，隨鄭吉遷至河曲。鄭吉被封為安遠侯，漢朝取得了絲綢之路北道的控制權，鄭吉被任命為首任安西都護使。

從此，西域歸入漢朝版圖。

## 三、遠逝他鄉的西域善使

沿著鄭吉的腳步西去的，還有西域善使段會宗。

西元前十八年（鴻嘉三年），段會宗前往西域，在他做出遠行西域的決定時，他的朋友谷永曾經勸他可以留守都城，謀得一方清福。那時漢朝恩德盛大，眾多邊遠地區的人們前來臣服，如傅介子、鄭吉、甘延壽等人的功績似乎很難出現在段會宗身上。因此他的朋友勸說他不要去追求奇功偉績，待任期結束就回來，身處萬里之外應該以身體為本。

西出邊境，段會宗受到了西域各國的盛情迎接，曾被段會宗立為國王的小烏孫王安日，親自前往龜茲拜會段會宗，康居太子率領部下一萬多人投降段會宗。朝廷聞訊，派遣衛司馬迎接，段會宗調配戊己校尉的軍隊隨同司馬之軍隊接受投降之人。司馬見投降者人數眾多，遂要求綑綁投降之人，以免出現不測。康居太子心生怨恨，率眾逃走。事實證明，段會宗調配戊己校尉的軍隊之事，給他帶來了諸多麻煩。段會宗任期滿後回到中原時，便因曾經擅自派遣軍隊耽誤軍事行動而面臨罪過，但念及其功德，便將功抵過，不計前嫌，授官為金城太守，而後因疾病被免職。

西元前十七年（鴻嘉四年），小烏孫王被國人所殺，國內大亂，朝廷徵召段會宗前去鎮撫烏孫國，段會宗再次西行，立安日的哥哥末振為烏孫王，而後辦事回京。

西元前十六年（永始元年），烏孫王末振派貴族刺殺大烏孫王雌栗靡，朝廷聞訊，派段會宗再赴西域烏孫，立雌栗靡的叔父（解憂公主之孫）伊秩靡為大烏孫王。

西元前十二年（元延元年），伊秩靡的翕侯難棲殺掉末振將，末振將之兄安日之子安犁靡被立為小烏孫王。

西元前十一年（元延二年），漢朝派遣段會宗率軍隊誅殺末振將的太子番丘，段會宗再次前往烏孫。召番丘至，殺之。

西元前十年（元延三年），段會宗病死於烏孫國中，享年七十五歲，西域諸國為他辦理喪事，建祠紀念。

側耳聆聽，我們彷佛聽到了絲綢之路上客商行旅們的腳步聲。他們中間，有犯顏直諫的流放忠臣、腰纏萬貫的西域貴冑、仗義疏財的豪爽俠客、滿腹經綸的秀才學士、急如星火的快馬驛使、修陵建墓的苦力徭役……他們懷著各自的希冀，燃燒著失望與喜悅，在這條古道上留下了他們的青春和熱血，留下了無數斑斑足跡和深沉的嘆息聲。

# 第八章

## 班超：一個書生的命運

邊城暮雨雁飛低，蘆筍初生漸欲齊。
無數鈴聲遙過磧，應馱白練到安西。

在張籍的〈涼州詞〉裡，涼州（今甘肅武威）的故事悠長動人。邊城久遠，大雁低飛，只見那絲路春雨洋洋灑灑，一路飄來。長河遠去，蘆筍抽芽，顯現出飽滿而又勃發的生命狀態。駝鈴的叮噹聲和遠去的背影裡，大漠孤煙的雄渾與悲壯正在蒼茫的萬里絲路上升起。

在這條通往遠方的絲綢之路上，中國已走了許多年。

## 一、投筆從戎

歷史常常會在時間的河岸上停留，在書生的紙筆前，在那繁華過後蒼涼的絲綢古道上。

西元六十二年（永平五年），一名書生將自己抄寫史書的毛筆扔在地上，他從貧困的生活裡站起來，慨嘆道：「大丈夫無他志略，猶當效傅介子、張騫立功異域，以取封侯，安能久事筆硯間乎！」所有人都取笑他。

他回答說：「小子安知壯士之志哉？」

這個人叫班超，他所提及的張騫和傅介子，都是出使西域而後在絲綢之路上九死一生、立下汗馬功勞的使者。

關於班超，我們有必要聽聽他的故事。

班超生於書香門第，父親班彪曾做過大官僚竇融的幕僚，續補司馬遷《史記》而作《後傳》數十篇；哥哥班固，繼承父業而作《漢書》；妹妹班昭，補充漢書未竟之篇；班超則博覽群書，堅毅勤勞。班氏一家，精通漢史而又各懷壯志。

西元六十二年（永平五年），班超三十歲，其家庭遭遇意外變故。班超的哥哥班固發憤編寫《漢書》之時，有人誣告其私自撰寫國史，有誹謗朝廷之嫌，班固被打入京城監獄，所作文稿上交朝廷。那時父親班彪已去世，妹妹班昭年齡尚小，哥哥入獄，兇多吉少，於是班超上書求見漢明帝。

在古代，一個身處皇室之外的書生，因為自己的親人入獄而要覲見天子，並非容易之事。那覲見天子的路上的威嚴而又肅穆的台階，許多人一走許多年，終無回音。但班超去了，天子的目光落在了一個書生的命運之上。

漢明帝召見班超，而後又審閱班固所作《漢書》，得知《漢書》並無誹謗朝廷之嫌，並深覺班超才華出眾，智勇雙全，於是放出班固，並召班超為蘭台令史，管理朝廷文書；不久卻又因案件牽連，朝廷免去了班超的職務。於是班超重操舊業，以為人謄寫書稿維持生計。

但於班超而言，如張騫、傅介子般立功西域的想法，無時無刻不縈繞其心。

在張騫之後，和平繁榮的絲綢之路上曾烽煙四起。

西元九年（始建國元年），王莽篡漢，兩位使者不遠萬里來到漠北單于王庭，送官印給單于，匈奴王以「匈奴單于印」換得新印，卻發現新印刻紋為「新匈奴單于印」，單于見王莽不再以兄弟之邦相稱，大怒，出兵反叛。

西元十年（始建國二年），天山東麓車師後王聯合匈奴，共同反抗王莽軍。

西元十三年（始建國五年），西域焉耆王起兵反抗王莽。

西域地區為匈奴所控，絲綢之路斷絕。

西元十年（始建國二年），王莽以三十萬大軍進攻匈奴，推行暴政，適逢天災，綠林、赤眉起義爆發，王莽政權被推翻。

西元二十五年（建武元年），東漢政權建立，絲綢之路因匈奴阻隔，不通。

至西元七十三年（永平十六年），漢明帝決定恢復對西域的管轄。

這從繁亂的史料中躍至眼前的文字裡，烽煙四起的絲綢古道滿目滄桑而又久遠蒼茫，燃燒在遠方大地上的縷縷絲綢，淚湧如注。

也是在西元七十三年（永平十六年），漢明帝令竇固率軍征伐匈奴，投筆從戎的班超開始了他的兵戎生涯，匈奴退居北方。不久，因為屢立戰功，班超被提拔為假司馬，當時，假司馬是候補的軍司馬，是具有指揮權的僅次於將軍的軍官。

一條前所未有的道路徐徐鋪開，那個曾投筆抒懷的班超正馳騁疆場。

這時的班超四十二歲。

## 二、一通西域

西元七十三年（永平十六年），絲綢之路在沉寂了六十餘年後，再次響起了清越的駝鈴聲。

那個曾經投筆而起、願效法張騫而立功異域的書生，正作為使者走在通往西域的路上。身後是僚屬郭恂和隨他西去的三十六個隨從，他們從敦煌啟程，出陽關，向西南而行。

為打通南道，經過艱難跋涉，班超一行人來到了鄯善國，因地處塔里木盆地最東邊，鄯善國因此成為漢朝和匈奴爭奪西域控制權的戰略要點，這是班超出使西域的第一站。鄯善國國王見匈奴敗走，對漢朝使者甚是熱情；但沒過幾日，突然變得十分冷淡。班超十分敏銳地感覺到其中定有蹊蹺，他推測定是匈奴派了使者來鄯善國，鄯善國國王開始動搖。

班超找來侍奉他們的鄯善人，厲聲問道：「匈奴使者來鄯善幾天了？住在哪裡？」侍從惶恐，不料班超料事如神，便如數告知，如何應對突如其來的匈奴使者，變成了擺在班超面前的首要問題。

班超召集隨他而來的侍從三十六人，酒至盡興處，班超與侍從密議對付匈奴之策略：不入虎穴，焉得虎子，縱火擊鼓，殺匈奴於不備之中。隨從們見他們早已身處危亡之中，先下手為強，於是一呼百應，只等夜深人靜之時，殺入匈奴住地。

當夜有風，班超順風點火，火舌四濺，一時擂鼓聲四起，匈奴驚慌，亂成一片。班超帶領眾隨從與一百多個匈奴人展開搏殺，加上火勢過大，有匈奴人於驚慌之中被燒死，逃出者盡被班超一行殺死在地，班超一行人安然無恙。

次日早晨，僚屬郭恂得知斬殺匈奴使者之事，大驚，而後有嫉妒不平之神色，班超以共擔重任，同享功勞之語，博得郭恂歡喜。至於這位僚屬的其他資訊，歷史一掠而過，僅一筆點畫出的，卻是他的狹小之氣。

班超將鄯善王請來，拿出了匈奴使者的頭顱，鄯善王驚恐不已，消息很快傳至鄯善國，眾人聽到後，均顯露出驚恐的神色。此時，班超對鄯善王以好言相勸，希望鄯善國能夠歸附漢朝，不再依靠匈奴。鄯善王答應，並將自己的兒子作為質子，交付漢朝。

西域歸來，班超將出使鄯善之舉告知竇固將軍，竇固大喜，將班超出使之事上奏漢明帝，漢明帝讚歎班超英勇果敢，封其為司馬，再次派其出使西域。

路途險遠，竇固將軍想為班超增加出使人馬，班超謝絕。

「願將本所從三十餘人足矣。如有不虞，多益為累。」

（《後漢書・班超傳》）

如果發生意外，人數增加反而會拖累更多的人。早已將生死置之度外的班超，仍然帶領手下三十六人，向西而去。

于闐，一個鄯善以西強大的國家，臣服匈奴，班超要到那裡去。

從河西出發，越過三千里的艱難險阻，班超一行沿天山北麓向南來到了于闐。正趕上于闐國國王攻占莎車國，稱霸南路，有十三個小國臣服于闐，于闐國國王不可一世，十分傲慢。加之匈奴派來使者監護于闐國王，以防他歸附漢朝，于闐國國王對班超的到來顯得十分冷漠。

于闐王十分迷信，見漢使到來，遂詢問巫師兇吉。巫師告知于闐王：

「神怒，何故欲向漢？漢使有馬，急求取以祠我。」

（《後漢書·班超傳》）

巫師告訴于闐王：天神發怒，責問你歸附漢朝的原因。現漢使中有一匹黑嘴黃馬的馬，必須馬上殺死並祭神，不然恐有不測。

于闐王深信不疑，派人去向班超索要那匹馬。

班超弄清事情的原委，答應了于闐王的要求，但要求巫師親自來牽馬，巫師十分高興，自以為得計，到了班超駐地。班超立刻命人殺了巫師，提了巫師的頭顱去見于闐王。于闐王見狀大驚，知班超曾在鄯善國殺死匈奴使者，惶恐不安，最終殺了匈奴使者而歸附於漢。

此後，南道眾小國歸附於漢。

疏勒，絲綢之路南北兩路的交匯點，地理位置十分重要。

西元七十四年（永平十七年），班超率領隨行三十六人從小道進入疏勒境內。

此時，龜茲國在匈奴的指使下占領疏勒國，殺死國王，並立龜茲大臣兜題治理疏勒國，疏勒國百姓身處水深火熱之中。班超在悄悄進入疏勒境內之後，並沒有去見疏勒國國王，而是在兜題所在的盤橐城九十里之外駐紮，並派了一個叫田慮的人去招降兜題，並告知田慮，兜題非疏勒人，不得民心。若不願歸附漢朝，就將其抓捕。

田慮隻身一人去見了兜題，兜題見田慮身材矮小，十分傲慢，更不願臣服漢朝。田慮乘其不備，躍上前去，將兜題捆綁起來，兜題的衛士見狀，十分驚恐，四散而逃，田慮挾兜題一路狂奔來見班超。

班超將兜題帶到了疏勒國王宮，並將疏勒國所有的官吏都召集到了一起，告知眾大臣龜茲國的罪惡行徑，眾大臣怒不可遏。同時班超找到了原疏勒王兄長的兒子，立其為疏勒王，舉國上下一片歡騰，疏勒國歸順漢朝。

疏勒國新立的國王和疏勒國臣子，請求班超殺死兜題，以報殺君篡位之仇。於班超而言，出使之路艱辛漫長，武力遠非打通西域的做法，只有建立在和睦共處基礎上的關係才能長久，胸懷天下而後能成就大業，班超決定放兜題回龜茲。

此時，絲路南道不再受匈奴使者的監護。與此同時，東漢正在北道重設西域都護、戊己校尉，以陳睦為都護，耿恭為戊校尉，關寵為己校尉，屯田車師前後，班超駐屯于闐、疏勒等地。

至此，絲綢之路南道大部分國家歸附漢朝，斷絕了六十餘年的絲綢之路又暢通了。

## 三、二通西域

西元七十五年八月（永平十八年），絲綢之路的烽火在一個人的離開之後重新燃起。這個人叫劉莊，在他的時代，他用自己的才智換來了孝明皇帝的謚號。明帝駕崩，章帝初立，控制著絲綢之路北道的匈奴的進攻愈加猖獗了。

三月，匈奴以兩萬騎兵襲擊車師後部，戊校尉耿恭派出三百騎兵支援車師後部，不料被匈奴大軍包圍，全軍覆沒。匈奴大軍攻破車師，殺死國王，直驅金滿城，兵臨城下，耿恭率幾百將士堅守金滿。耿恭以毒箭為武器，加之天氣突變，匈奴軍心頓亂，匈奴不敵而後敗走。

八月，在北匈奴的支持下，龜茲、焉耆反叛，出兵攻打西域都護，西域都護陳睦和兩千官兵被殺，耿恭、班超駐守的金蒲城和疏勒雖未淪陷，但被匈奴和龜茲部隊包圍，絲綢之路再次中斷。

西元七十六年（建初元年），漢章帝見絲綢之路被匈奴切斷，漢朝損傷嚴重，所餘兵力勢單力薄，撤銷了西域都護和戊己兩校尉。在班超等人身處危難中時，朝廷下詔令駐守在疏勒的班超撤回中原。

壯志未酬的班超內心糾結，三年來的苦心經營毀於一旦，在他看來，在西域各國身陷危難之時離開，於那些臣服於漢朝的國家而言，更是一件背信棄義之事。他彷彿看到，匈奴的鐵蹄正踩著他離開的道路，奔向西域。

這一消息不脛而走，疏勒國人民聽到後，舉國憂恐，人們擔心很快便會遭到龜茲和匈奴的報復，人們懇求班超能夠留下來。當疏勒都尉黎弇見班超終要離去時，竟拔劍自刎。班超心如刀絞，一個滿腹詩書而又馳騁疆場的司馬，終要離開腳下那片他曾灑過熱血的土地。班超行至于闐，前來送行的人們，上至國王，下至平民百姓，無不淚流滿面，幾個于闐國的大臣，緊抱班超馬的腳不放。班超早已熱淚盈眶。終於，他勒馬回頭，決定留在西域。

當班超做出留在西域的決定時，他早已將自己的命運交給了腳下的那片土地，還有那些為他的留下而歡呼雀躍的人們。他深知，違背軍令留在西域，是一件危險的事。班超和隨行的三十六位壯士一臉堅定、馬不停蹄地向疏勒國的方向趕去。

班超離開後，疏勒國內便有人勾結龜茲，搶占了兩座城池，並向龜茲稱臣。班超行至疏勒，平定叛亂，疏勒國恢復了平靜。漢朝對西域政策的改變，使許多國家失去了對漢朝的信任，班超手下只有三十六人，勢單力薄，面臨著前所未有的困難。

西元七十八年（建初三年），班超為平定絲綢之路北路，聯合于闐、疏勒、康居等國兵士一萬餘人，攻打龜茲的屬國姑墨的石城，首戰告捷，扭轉了西域的局勢。

西元八十年（建初五年），班超上書漢章帝，請求增派援兵以平定西域。

西元八十一年（建初六年），漢章帝命徐幹為假司馬，召一千人支援班超。

這支支援班超的隊伍，兩年後才到了西域，西域的局勢，依舊嚴峻。

漢朝屬國莎車歸屬龜茲，同時，龜茲收買疏勒國都尉番辰發動反叛，正等待龜茲出兵，聯合攻打班超。

徐幹的到來，確是解了燃眉之急。張騭率領千名勇士，平定了疏勒的叛軍。

西元八十四年（元和元年），班超率領手下一千八百餘名兵士，聯合疏勒、于闐等國，準備進軍莎車。

有時候，歷史也喜歡玩捉迷藏。

就在班超準備攻打莎車之時，莎車國派使者說服疏勒王忠在烏即城發動叛亂，班超被迫轉身平定疏勒叛亂。班超在疏勒另立國王，攻打烏即城，但因疏勒國國王忠得到康居國國王的精兵援助，雙方對峙半年之久。班超遂派使者出使大月氏，獻上大量禮品，希望大月氏王能說服康居退兵；果然康居王很快退兵，但疏勒王忠也被帶回康居國。後來，疏勒王忠借兵康居，盤踞損中，又聯合龜茲意欲詐降，不料詭計被班超識破，將計就計，在迎接其回國的酒宴上被班超斬殺。

西元八十五年（元和三年），班超召集兵士兩萬五千餘人，再度征伐莎車，莎車王求援龜茲，龜茲王召集五萬兵士救援莎車。班超按兵不動，計從心出。

班超召集眾將領，因增援兵士太多，不敵敵軍，趁夜深之時，于闐王帶兵向東回國，班超帶兵回疏勒，以鼓為號，各自行動。並私下安排兵士，放鬆對被俘的龜茲兵士的監護，讓他們回國報告消息。

龜茲王聽到班超安排退兵的消息竊喜，分別在于闐國王和班超撤退的路上布置了重兵。班超探聽到這一消息，祕密召集眾將領，在拂曉時進攻失去援兵的莎車。

結果可想而知，莎車王投降班超。龜茲國王埋伏了一夜，不見人來，欲進軍莎車，又懼怕身遭埋伏，撤軍回國，十分狼狽。

此後，班超揚名西域。

西元九十年（永元二年），大月氏副王率兵士七萬，攻打班超。

大月氏和漢朝一度有著和睦的關係，西元八十七年（元和四年），大月氏王派使者前往班超駐地，向漢朝進貢，並要求娶漢朝公主作為妻子，班超沒得到朝廷回覆，遂拒絕，大月氏王怒，因此發動進攻。

重兵壓境，班超勢單力薄，部下十分驚恐，班超穩而不亂，告知部下，大月氏部隊遠道而來，軍士補給困難，雖人數眾多，但不必驚慌，只要儲備好足夠的糧食，便可坐等大月氏補給耗盡，不戰自敗。部下聽後，內心釋然。

大月氏兵士浩浩蕩蕩壓至疏勒前線，排兵布陣，卻無一人迎戰，遂發動進攻，班超奮力抵抗卻堅守不出，雙方僵持不前。很快，大月氏部隊補給告急，四處劫掠，不料班超早已堅壁清野，大月氏人一無所獲。大月氏兵士怨聲載道，軍心散亂，副王求救龜茲，不料，班超早已在大月氏使者經過的地方設下埋伏，大月氏全軍覆沒。大月氏副王身陷絕境，驚恐不已。遂請罪班超，請求留一條生路。班超放大月氏軍隊回國，遂與漢朝重結友好關係，大月氏連年進貢。

西元八十九年至西元九十一年，漢朝多次對北匈奴發動進攻，匈奴被迫西遷。至此，匈奴對漢朝的威脅所存無幾。

西元九十四年（永元五年）秋，班超集結八萬餘兵士，征討北道中段的焉耆、尉犁、危須三國。行至尉犁邊界，派遣使者告知三國國王：都護班超前來，是為與三國和好。若悔過自新，則對曾殺害都護陳睦之事既往不咎；若不與漢朝為敵，則每國派一位重臣來見都護班超，都護將贈送貴重禮品。

焉耆王派左將北鞬支拜見班超，班超知北鞬支雖為匈奴侍子，但掌握焉耆大權，焉耆王之所以不來見班超，定是北鞬支的策略。班超身旁的軍士建議處死北鞬支，班超深知若處死北鞬支，焉耆定會嚴守城門，遂放走了北鞬支。焉耆王見北鞬支安然無恙，遂在尉犁邊界迎接班超。

焉耆四周環山，周圍大河環繞，易守難攻。焉耆王回國，迅即拆除通往焉耆的通道。令焉耆王大驚失色的是，班超早已熟悉焉耆地形，見焉耆拆除通道，班超很快便找到一處河水較淺之地，準備渡河，並將部隊駐紮在二十里之外，直逼焉耆。此時，焉耆王接到班超來信，約定要邀請各國國王。焉耆王、尉犁王和北鞬支等三十餘人如期而至，焉耆王怕有變故提前逃走，危須王沒有到。酒宴開始後，班超突然發怒，責問焉耆王為何逃走？危須王為何不到？眾人張口結舌，無言以對，班超遂喝令衛士將焉耆王的人處死。事後，為三個國家立了新國王，並在焉耆留住半年，穩定那裡的局勢。

至此，西域五十餘國皆歸附漢朝，絲綢之路再次開通。

## 四、三通西域

吳思芳在其著作《絲綢之路兩千年》中，用「永不止息的生命之流」來形容絲綢之路，這條久遠的生命長河，班超正從中走過，在他身後，許許多多的使者，正沿著他的腳步前行。

西元九十七年（永元九年），班超派遣甘英出使大秦（中國古代對古羅馬帝國的稱呼）。甘英一行跋山涉水，西躍蔥嶺，經大月氏至安息國，而後一路向西，行至條支國（今伊拉克境內），甘英成為第一個到達波斯灣的中國人。若要到達大秦，他們還需西行數千里。在波斯灣，甘英欲渡海前往大秦。那時，安息人壟斷了大秦的絲綢貿易，他們從遙遠的中國購買絲綢，然後轉運至大秦各國，以獲取暴利，見有漢朝使者要前往大秦，便有意阻撓甘英。安息人欺騙他說，渡海去大秦異常困難，順風也需航行三月之久，逆風則需兩年時間，且前途莫測生死未卜。甘英遂放棄前往大秦。甘英未到達大秦，但已將絲綢之路西延了近三萬公里，並了解了前往大秦的陸路和海陸。甘英順著班超的路又向前邁進了一大步。

班超壯志已酬，思鄉之情殷切。

西元一〇〇年（永元十二年），六十八歲的班超上書漢和帝，希望能還歸故鄉。書奏中「不敢望到酒泉郡，但願生入玉門關」一句，讓人百感交集。但班超的書奏無人理睬，為平定西域而征戰半生的班超老淚縱橫。直到西元一〇二年，班超的妹妹班昭再次上書漢和帝，在西域經營三十載的班超，終於踏上了歸鄉之路。

西元一〇六年（延平元年）的西域，絲綢之路再次因為一個人的離開烽煙四起，這個人就是班超。

七十一歲的班超扶杖回到了自己的家鄉洛陽，一個月後便與世長辭。

在班超之後，任尚出任西域都護，他性情急躁嚴刻，蠻橫粗暴，人心散亂。很快，西域各國開始反叛漢朝，東漢政府調任尚回中原，並於西元一〇七年（永初元年）撤回都護及屯田將士，絲綢之路再次中斷，北匈奴重新控制了西域各國。

西元一一九年（元初六年），敦煌太守曹宗，派部將索班率千人出塞，車師前王和鄯善王歸順漢朝。次年，匈奴未切斷漢朝和西域的聯繫，破車師而殺索班，鄯善告急，曹宗上書朝廷，建議出兵平定西域。

西元一二〇年（永寧元年），當時執政的太后召班超之子班勇「詣朝堂會議」。班勇從小隨父轉戰西域，深諳西域各國情況，其控制西域而後確保河西安全的建議深受鄧太后賞識。

西元一二三年（延光二年），東漢政府任命班勇為西域長史，率兵五百屯田柳中。次年，移駐鄯善，鄯善歸附漢朝，降服龜茲，集結一萬多騎兵直取車師前部，擊潰駐紮車師前部的北匈奴騎兵。

西元一二六年（永建元年），班勇從敦煌、酒泉、張掖調集六千騎兵，會同疏勒各國兵力，擊潰車師後部。不久，班勇集結兵力反擊匈奴呼衍王，匈奴兩萬部下受降。

西元一二七年（永建二年），朝廷派敦煌太守協同班勇，兵分兩路，從南北道同時前進，按約定時間集結攻打焉耆，急於立功的張郎兼程前進趕至焉耆，焉耆王見重兵壓境，自料不能取勝，遂投降張郎，張郎班師回朝。班勇按期到達，焉耆已投降。張郎誣告班勇貽誤軍期，朝廷將班勇召回入獄，班勇出獄而後鬱鬱而死。

西元一二七年（永建二年），絲綢之路再次開通，出敦煌而至西域，一路繁榮，一路興旺。

一條久遠的絲綢之路，通往西域，也通往每一個隻身潛入西域的使節心中，當他們踏上報效祖國的道路時，所有人都已將生死置之度外。那些將士們多身陷泥淖，渴望功成名就，那些通往西域的如班超一般的使節，多胸懷大志，甘願犧牲自我。

他們的永不止息的生命迴響，和絲綢之路上的駝鈴一樣久遠。

# 第九章

# 羅馬商團：初至中國的行者

> 冬時欲歸來，高黎貢上雪。
> 秋夏欲歸來，無那穹賧熱。
> 春時欲歸來，囊中络賂绝。

在一首簡短的〈賈客謠〉中，無數置身他鄉的商人們漂泊無依的景象出現在我們面前。千百年來絲綢之路承載著無數的光輝與收穫，但更多的時候，艱難與陰雲布滿了道路。儘管如此，總有一些人穿過風沙、穿過內心中的困頓與疲憊，執著前行。

西元一〇〇年（永元十二年）的一天，東漢王朝首都洛陽城剛剛迎來第一場降雪，洛陽的老百姓們紛紛湧上街頭，因為古城迎來了一群特殊的客人：他們衣著怪異，髮色鮮豔；他們從遙遠的神祕古國而來，一步一步踏過絲綢之路。他們，是一支來自羅馬的神祕使團。

## 一、使團之謎

在悠悠的歷史長河中，義大利旅行家馬可波羅，不遠萬里來到中國，成為至今都為人們津津樂道的一段傳奇。然而，遠在馬可波羅來到中國的一千多年以前，就曾有羅馬人踏上中國這片廣袤豐饒的土地，這也是迄今為止有史料記載、歐洲與中國直接交往的最早紀錄。

根據《後漢書．和帝紀》中「遣使內附」的記載，來到中國的，應該是一支來自羅馬的使團；可是在後世大量的文獻中我們看到的字眼，卻是羅馬商團。那麼在西元一〇〇年（永元十二年）的十一月，那支來到中國的羅馬團隊，究竟是使團還是商團呢？

為了解開這一謎題，首先讓我們跟隨歷史的年輪，來到與東漢永元年間同時期的羅馬帝國。這個時期的羅馬帝國正值安敦寧王朝（Nerva Antonine dynasty），即《後漢書．西域傳》中所言的「大秦王安敦」。當時的羅馬皇帝名叫圖拉真（Trajan），他並沒有出生在義大利，也是第一名沒有在義大利出生，卻當上帝王的人。

圖拉真在西班牙出生，他的父親軍功赫赫，圖拉真從小在軍隊中長大，軍隊中的成長環境對圖拉真的性格造成了深遠的影響。軍人的生活方式讓圖拉真勇敢卻不莽撞，讓他學會拚殺卻保持善良的本性，讓他懂得堅持卻不猶豫。就這樣，跟隨著父親不斷在戰場上出生入死，圖拉真逐漸成長為一名睿智而果決的君主。

圖拉真在位的十九年裡，工作非常繁重，要在萊茵河所處的邊境線上繼續修築完善羅馬城牆，這是他的前輩們留給他的未完成任務。除此之外，圖拉真必須向外擴張本國領土，以建立更強大的羅馬帝國。面對如此繁重的工作，圖拉真似乎不可能在這個忙碌的時間段內，還能有計畫向遙遠的東漢王朝派遣使者。不難推斷，西元一〇〇年時出現在洛陽城的團隊，應該不是羅馬皇家使團。

讓我們再次回到浩瀚的歷史海洋，撥開陳年歲月的面紗，去古書中尋找真相。關於這支羅馬團隊，《後漢書》中對其的記載極其簡略，唯一記載羅馬商團來華的西方文獻，是馬林努斯（Marinus）的《地理學概論》，其中提到：梅斯（MaesTitianus），這個又名提香的馬其頓商人，無論他自己是否去過中國，可以肯定的是，他曾經派人去過中國——這個遙遠而又神祕的東方國度。

馬林努斯在寫《地理學概論》的時候，在埃及亞歷山大圖書館詳細閱讀了大量史料。除此之外，他還想出了一個更加直接的獲取資料方法，那就是與絲綢之路上來來往往的商賈們面對面交流。這些來自不同國家的商人為馬林努斯提供了最真實可靠的第一手資料，而梅斯就是這些商人中的一個。梅斯是專門從事中亞與中國貿易的商人，他不僅擁有馬林努斯所沒有的大量財富，更擁有馬林努斯見所未見、聞所未聞的關於東方古國風土人情的見聞。根據這些口述資料，加上他的搜索整理，馬林努斯推斷出，這支神祕的羅馬商團來到中國的時間，必然是在一世紀末到二世紀初的這個時間段內。

這位名叫梅斯的馬其頓巨商，他又是在什麼樣的機緣巧合之下，對遠在萬里之外的東方國度產生興趣，又是如何獲取到大量的中國情報的呢？

在西元九十年（永元二年），大臣班超接受皇帝聖旨，率軍出擊月氏，並率領萬人大軍進軍帕米爾高原以東，也就是史料中常提到的蔥嶺以東。第二年開始，又任命他為西域都護以保障帕米爾以東的絲綢之路貿易往來。西元九十五年（永元七年），班超又派遣使臣甘英出使羅馬帝國。

讓我們回頭來看看甘英的行程吧：滿懷壯志的甘英從阿富汗出發，跋涉千里到達土庫曼，緊接著他又從土庫曼進入伊朗境內，在伊朗的土地上從北到西，行至西部城市哈馬丹。從哈馬丹出發，向西南方向進入伊拉克曾經輝煌一時的城市巴格達，甘英並未在巴格達多做停留，繼續向東南方向前行，直到幼發拉底河與底格里斯河匯流的下游地區。

短短幾行字，將甘英的行程簡述出來，在這看似簡單卻充滿艱辛的路途中，彰顯了一個人強大的內心和信念。

然而，這卻是一件至今想來，仍然令人唏噓頓足的事。甘英在西行的途中，被安息的水手以假消息欺騙，在距離波斯灣只有幾步之遙的地方猶豫了，信心一旦動搖便難以挽回。非常可惜，甘英最終沒能到達羅馬，沒能親眼看到這個偉大的古老帝國。但奔波途中，甘英已經向絲綢之路上的商旅們傳達了中國的很多相關資訊，比如風土民俗，當然最吸引這些商旅的，還是中國廣袤的土地，廣袤的土地代表著巨大的商機，這使商旅們興奮異常，恨不得即刻到達中國。商旅們又將這些資訊傳達給西方的使臣，使臣又將其稟告君主，可以猜想，羅馬商團的來華之行，不能不說在很大程度上源於甘英的影響。因為在甘英歸國之後的第二年，他們便開始前往中國。

梅斯一定是在安息遇見了甘英的巨商之一，對於一個大商賈來講，巨大的商品市場便意味著巨大的利益。梅斯一定嗅到了濃烈的錢幣的味道，於是在甘英回國後，大約在西元九十九年（永元十年）十一月，這個大商賈花費巨款置辦東行的裝備，同時招募了一支商團，輾轉萬里抵達洛陽城，於西元一〇三年至西元一〇五年回到泰爾城（Tyre）。這支商團將所聞所見詳細敘述給梅斯，再由梅斯向馬林努斯複述這次旅程，馬林努斯記錄，並整理了這段前所未聞的商團東行記，將它永遠地記錄在白紙黑字的記憶中。

世事蒼茫，西元一〇〇年（永元十二年），羅馬商團走在通往中國的路上。

## 二、宮廷之行

歷史久遠，滿目風雨，但總有一些時刻，會泛出令人眩目的光芒。

十一月的東漢洛陽宮廷，沉浸在清晨還來不及散去的涼意裡，可老百姓卻早已醒來，圍擠在縱橫交錯的大道旁，幾位旅行者在人們的好奇目光中穿梭。

他們或許在想為什麼這個東方國度的臣民們不願意去作坊工作，而都在自家院裡耕種；或許還在回憶昨日裡那個達官顯貴家的姑娘，為什麼見人的時候還要隔著一層薄紗；或許……所有的困惑，也許都不及見到一種被稱作「絲綢」的布料時帶來的震撼。這是一種怎樣的布料，為什麼它帶來的觸感是前所未有的柔軟與絲滑？究竟是如何製造？當他們還來不及仔細思索，馬車已經在一處院門外停了下來，旅行者們從馬車上走下，打量眼前的宅院，卻發現根本無法看到全貌，這些天他們見到了許多漢朝都城的宅院，卻沒有一處如眼前這座這般莊嚴宏大。這時，大門在一陣悅耳又隆重的音樂聲中緩緩打開了。

兩列侍者模樣的人躬身行禮，整齊劃一站在大門兩側，這些旅行者立刻被眼前這恢宏的建築所吸引，連連驚嘆這宏大的氣勢。正紅色的廊柱富有節奏地出現在白牆綠瓦之間。錯落有致的房屋彷彿一幅幅臨摹畫。

旅行者們被引進一間金碧輝煌的宮殿，這絕不是在他們的故鄉可以感受到的皇家氣息。宮殿四周擺放著他們從未見過的精雕細琢的器物，以至於他們已經無法拿出那些隨身攜帶的禮物。

大漢朝的君主坐在高高的龍椅上，詢問他們關於那在遙遠國度裡皇帝的訊息。這些旅行者表示自己期望能夠與中國貿易往來，漢朝君主禮尚往來地賜予他們禮物。這些來自遙遠羅馬的商人享受到了至高無上的禮遇，對接見他們時舉行的國宴讚不絕口。他們盡情品嚐著異國佳餚，身邊的僕人們隨時端起銀壺，為他們的杯裡添滿一種高粱釀製的飲品。這種飲品甘甜的回味，讓他們覺得自己的身體輕輕地飄浮到了半空，眼前表演宮廷舞蹈的美人，更讓他們迷幻陶醉……

國宴結束後不久，他們便匆匆踏上了歸途，在隨行的馬車裡，裝滿了令人驚奇的中國商品。在這些做工精美的商品中，他們最得意的收穫，是那稱為「絲綢」的布料。若干年後，當羅馬上流社會的貴族們看到皇帝價值千金的新衣，都相互竊竊私語，這麼漂亮的布料來自何方？一位知情者故作神祕，告訴他最親密的朋友，「皇帝的新衣」自東方的「絲國」。緊接著，一傳十，十傳百，沒過多久，整個羅馬城都知道了，在遙遠的東方，佇立著一個「絲綢之國」。

從後來羅馬錦衣繡服成為顯赫家族的風尚，綢幕絲簾在教堂隨處可尋，絲綢價格與黃金相同，貴族願意為絲綢一擲千金的情景中，可看出絲綢在羅馬的流傳之廣，這些正是羅馬商團的中國之行所帶來的。

據史料記載，漢唐時期，絲織業已經發展興旺，織物已經具有了多種多樣的花紋圖案。《新唐書．地理志》有如下記載：

> 僅江南東道各州所產絲綢，就有水紋綾、方紋綾、文綾、交梭綾……綢絹、八蠶絲、輕容……花紗、衫羅、寶花羅等花色品種。特別名貴的絲綢花紋有：盤龍、對鳳、麒麟、獅子……萬字、雙勝、透背等。

美麗的中國絲綢，以它無與倫比的獨特氣質，吸引著全世界的目光。一些國家的帝王，常常以身著中國的華麗絲綢為炫耀身分的籌碼。據說，埃及女王克麗奧佩脫拉（希臘語：Κλεοπάτρα）就非常鍾情於中國的絲衣。那時，「絲綢」是世界上最搶手的貿易商品，販運絲綢的道路，也便成為溝通世界各國的交通要道，是中外文化溝通的橋梁。

## 三、萬里之路

今天，當我們再次將目光投射到羅馬商團的東行之路，那些跋涉萬里的羅馬人探訪絲綢之國的勇氣，和西行路上中國人的執著與堅定，令人心生敬畏。道路久遠，關於絲綢之路的故事在歷史的風塵中忽隱忽現。

> 自玉門、陽關出西域有兩道，從鄯善傍南山（崑崙山）北，波河西行至莎車，爲南道；南道西逾蔥嶺則出大月氏、安息。
> （《漢書·西域傳》）

最早記載羅馬商團交通路線的是《漢書·西域傳》，羅馬商團行走於其上。在這條道路上，羅馬商團的使者第一次目睹了古老中國的自然神蹟，看到了被玄奘和尚稱為「大石崖」的自然奇觀石塔。然而自然的饋贈不止這些，他們穿越沙漠，到達敦煌，經過今天的甘肅省省會蘭州之後，終於在西元一〇〇年初冬，到達了洛陽。

在這段對路線行程描述的文字中，我們彷彿看到：蒼茫戈壁上，一支滿載貨物的駱駝商隊，在烈日照射下艱難跋涉的場景，他們在饑餓睏倦中仍舊沒有停下前行的腳步。在茫茫沙漠中，悠揚的駝鈴聲支撐著商人們前行的信念。

他們平凡而偉大，用一段旅程開啟了中西貿易和文化的交流史。這段歷史後來被東漢宮廷史官記錄下來，後又被范曄編入《後漢書．和帝本紀》中。這支羅馬商團可能沿原路返回，在泰爾城向他們的委派者梅斯，詳細複述了在中國的見聞，後又經梅斯向馬林努斯口述，這便有了《地理學概論》一書。

插入一段故事，馬林努斯所著的《地理學概論》，並沒有在歷史的長河中流傳下來，人們所了解的關於《地理學概論》的資訊，是另一位古羅馬的地理學家托勒密（Claudius Ptolemaeus）所轉錄，若不是他，這條偉大的路線就會永遠淹沒在歷史的長河中。雖然這樣的輾轉敘述造成了很多概念的混亂，但我們仍然對托勒密心懷感激，他為後人留下了在西方古代史料中關於中國地理的最初資料，他是這次重要的中西貿易文化交流最重要的轉述者。

從羅馬到中國，從洛陽到地中海東岸，在中國的驚奇之旅讓羅馬商團流連忘返，他們跨越的不僅僅是萬里之遙的土地，更是穿越千年的中西文化道路。羅馬人勇敢而果決，聰穎而智慧，帶著無比堅定的信念穿過絲綢古道，他們是富有勇氣和智慧的探險家，更是絲綢之路上中西貿易往來事業的開拓者！

# 第十章

## 董琬和高明：不辱使命的亂世西行

國使翻翻隨旆旌，隴西岐路足荒城。
氈裘牧馬胡雛小，日暮蕃歌三兩聲。

在耿湋〈涼州詞〉的字裡行間，隱藏著許多歷史長河中的遙想。漫漫黃沙在黃昏落日的陰影裡，包裹著西行使者的車隊，在使者們的前方，有張騫「鑿空」，有班超投筆從戎，嘔心瀝血三通西域；還有王恩生、許綱出師未捷，歷經艱險「竟不果達」。

這個時刻，或許他們也曾望著茫茫戈壁唏噓世事，但久積心中的，應該是壯士扼腕之勇氣。無數期盼擔負在肩上，而他們已經等待了很久很久。

## 一、十年的等待

西元三八六年（登國初年），鮮卑族拓跋氏建立北魏政權。政權建立之初，正值中原分裂動盪的十六國時期。北魏第一代君主拓跋珪和第二代君主拓跋嗣在位時期，主要忙於入主中原、鞏固政權的大業，無暇顧及西域。

開國皇帝拓跋珪在位時，曾有大臣建言，應當依照漢朝的國家建交方式，與西域地區溝通往來，這樣才能將國威振興於遙遠的荒野國度，又能將西域的珍寶運送至中原。然而拓跋珪認為漢朝境內的人民尚未安定，遠赴西域開拓市場只會導致國內財政空虛。因此，拓跋珪徹底否定了遠通西域的建議，這種情況直到拓跋嗣時期，仍未得到改變。

直到北魏第三代君主太武帝拓跋燾執政數年以後，在這條曾經承載了無數輝煌的絲綢之路上，終於又響起了悠悠駝鈴。然而在拓跋燾繼位之初，仍然實行的是不通西域的政策。在拓跋燾看來：

> 西域漢室雖通，有求則卑辭而來，無欲則驕慢王命，此其自知絕遠大兵不可至故也。若報使往來，終無所益。（《魏書・西域傳》）

那時拓跋燾剛剛繼位不久，他認為在漢朝時期，國家雖然與西域諸國商貿往來，然而西域諸國只在本國有貿易需求的時候，才積極與漢王朝溝通往來，其他時候則將漢朝君主的命令置於腦後，他們想到自己與大漢朝相隔萬里，漢朝君主對他們並不能構成巨大的威脅；如果現在再次與西域溝通往來，也會是這樣的情形，對本國毫無益處。事實證明，拓跋燾的想法是正確的。

這和北魏所處的地理環境有著很大的關係，甚至到了幾年後，北魏雖已逐漸強大，但在它的四周仍然有眾多雙眼睛虎視眈眈：北方草原上強悍的柔然汗國；西面匈奴赫連氏建立的夏國、盧水胡沮渠氏建立的北涼政權，均不容小覷；西南有鮮卑族建立的吐谷渾；東面有漢人馮跋建立的北燕；南面則有漢族建立的東晉南朝。柔然、大夏、北涼、吐谷渾、北燕、南朝劉宋，這幾個政權聯合起來共同對付北魏。在這種分裂割據、反北魏政治聯盟存在的情況下，與西域通使往來不僅不太現實，而且對於北魏來說益處不大。因此對於拓跋燾來說，統一中原才是他的心頭大事。

拓跋燾十二歲時，就曾隨軍出戰，大敗柔然鐵騎。西元四二四年（始光元年），拓跋燾繼位後第二年，十六歲的他就開始主動對柔然發起進攻。西元四二九年（元嘉六年），拓跋燾親率大軍大敗柔然，降服柔然三十多萬大軍。從此，柔然主要勢力退居漠北。

這一年，柔然可汗大檀，突發疾病去世，繼承其位的大檀之子吳提（號敕連可汗）開始主動與北魏修好。西元四三一年（神䴥四年），柔然遣使朝獻。和無數修好的國家一樣，最好的示好手段，永遠是和親。

西元四三四年（延和三年）二月，拓跋燾將西海公主嫁與吳提，並娶吳提之妹為夫人，北魏北面的威脅表面上來看算是暫時解除了。

西元四二六年至四二八年，拓跋燾用三年時間打敗夏國，占領其國都統萬和南都長安等地。西元四三一年（神䴥四年），又消滅夏國平涼的殘餘勢力，占據關中廣大地區。西元四三二年至四三六年，拓跋燾一鼓作氣消滅北燕，北燕政權消失後，北魏將遼河流域範圍的大片國土歸至麾下。

至此，中原只有北涼政權還未消滅，而北涼主沮渠蒙遜為了自保，主動臣服於北魏，頻繁遣使朝貢。西元四三〇年（神䴥三年），沮渠蒙遜遣使朝貢上表稱：「臣歷覲符瑞，候察天時，未有過於皇魏，踰於陛下。」自稱「冀終餘年，憑倚皇極」，極盡恭順之能事，西元四三一年，拓跋燾納北涼為臣屬。

拓跋燾用數十年時間，基本平定了北方分裂割據的局面，這位天命在身的皇帝無數次帶兵親征，決戰沙場，卻從未受過重傷。就這樣，北魏政權在中原取得的豐碩功績，大大震懾了西域諸國。

西域諸國紛紛遣使北魏。

在北方基本統一、西域諸國主動歸附的形勢下，北魏終於轉變了對西域的政策，開始積極經營西域。當然這一舉措的實施，還有更重要的原因，那就是為了防範柔然和北涼的反叛。

當時的柔然雖然修好於北魏，但這個善於征戰的民族，絕對不會輕易居於人下。柔然像隻受傷未癒的雄獅，只是在尋求喘息之機，一旦獵物逢迎，必會與北魏重開戰端。柔然十分重視西域的經營，始終將西域視作與北魏較量的戰略後方。那時，天山以北的準噶爾盆地，已經成為柔然的勢力範圍，天山以南諸城國也受柔然的控制。一旦柔然借助西域的力量捲土重來，將是北魏最大的威脅。

北方草原上游牧民族勢力與西域勾結，是中原王朝的最大威脅，這一點在西漢時已昭然於世。漢武帝對這個問題有清醒的認識，因此才有「鑿空西域」之舉。時至北魏，情況依然如此，只不過西漢時北方草原上的強大游牧勢力是匈奴，北魏時則是柔然。

北涼政權地處河西走廊，扼守絲綢之路中段的交通，其時雖然臣服於北魏，但只是表面現象。北涼為了稱霸河西和西域，在暗中積極擴大自己的勢力。西元四二一年，沮渠蒙遜滅李氏西涼政權後，北涼不但將河隴地區占為己有（吐谷渾占據隴西部分地區除外），而且將西域的部分地區也占為己有。

北涼與柔然的關係非同一般。柔然從西元四二九年（神䴥二年）左右，開始遣使南朝建康（今南京），即借道北涼的酒泉、張掖。北魏拓跋燾指責柔然與北涼等，組成了一個反對北魏的政治聯盟，也反映了北涼與柔然之間的這種關係。北涼坐大或勾結柔然對付北魏，對北魏來說也是很大的威脅。因此北魏必須開通西域，一來可以切斷柔然與西域「後院」的聯繫；二來可以從東西兩方向形成對北涼的夾攻之勢。

表面的風平浪靜之下，總是藏著更加洶湧的暗流，北魏太延年間（西元四三五～四四〇年），在西晉永嘉之亂、西域與中原王朝隔絕交流數百年之後，拓跋燾終於決定重新建交西域。

## 二、路還在腳下

在悠遠的歷史長河中，沒有任何一樣東西能夠阻擋歷史的發展，正如沒有任何東西能夠阻擋命運的洪流。

西元四三五年（太延元年）五月，北魏以德行揚名西域諸國，西域的烏孫、鄯善、悅般等小國紛紛派出使者前往北魏，敬獻寶物，達成友好往來。北魏也曾派遣王恩生、許綱等二十人出使西域，一方面回訪遣使朝貢的車師、鄯善、粟特等國；另一方面宣威招撫西域。不過，這一次北魏通使西域沒有成功。王恩生等人剛渡流沙，就遭到柔然的拘禁，其使團幾經鬥爭才回歸中原，北魏未能實現通使西域的目的。但柔然的阻擾並不能阻擋北魏的決心，也不能阻擋西域小國與北魏交好的決心。

蠕蠕是柔然的別稱，五世紀初，它發展成為龐大的奴隸制國家，雄踞蒙古草原，控制著由蒙古草原通向西域、中亞及西亞的草原絲綢之路，最強盛時，向西到達焉耆的範圍內，東面則深入鮮卑族的領地範圍，北方渡過沙漠地帶，到達瀚海之境，南方比鄰大磧，甚至曾一度控制了高昌等地，切斷了綠洲絲綢之路。

總會有人不斷走上那條充滿傳奇色彩的西行之路。這一年，董琬、高明終於等到屬於他們的機會，他們終於可以踏上嚮往已久的西行之路，重鑄絲綢之路上的繁華商音。他們是歷史注定的書寫者，他們已經等了太久。

西元四三五年（太延元年）八月，北魏再遣散騎侍郎董琬、高明等人出使西域。與其他人相比，魏太武帝在物資、出使範圍等各方面都提高了力度，董琬、高明一行攜帶了大量金銀和絲綢，用以招撫西域諸國。

董琬、高明懷著一顆忐忑沉重的心出發了。在大部分的史料記載中，只有隻言片語描述他們的西行之路，但或許我們應該展開想像，去還原這段征途。這一定不是一段尋常旅途，這條道路暗藏殺機。

一切終於沒有白費，董琬、高明獲得了極大的成功。使團首先到達西域南道的鄯善。此後，董琬等「出鄯善，招撫九國，厚賜之」。此九國究竟指哪幾國，不詳，有可能指《魏書‧西域傳》所提到的龜茲、烏孫、渴盤陀、疏勒、鄯善、焉耆、車師、悅般、粟特九國，也可能只是西域諸國的泛稱。

董琬等人出鄯善後又北行，到達伊犁河流域的烏孫國。烏孫國王告訴使者，他聽說破洛那和者舌都聽聞北魏國君主的德行及國家威望，都想要獻上貢品表達交好的誠意，但苦於沒有良好的溝通辦法而無法前行。於是，董琬、高明等人分作兩批，前往破洛那和者舌，招撫兩國。

董琬、高明等人成功開通了西域。據記載，董琬等人東還時，西域諸國跟隨使團朝貢的有十六國之多。

董琬等一行使者歷經千難萬險終於回到京城，將一路見聞告知君主：自漢武帝時期，西域大致有五十多個小國，後來有一些小國合併。直到太延年中，逐漸分為了十六個國家，大致地域範圍分為四個板塊。第一個板塊是蔥嶺以東、流沙河以西的地區，也就是今天的帕米爾高原地區向東、塔里木盆地和天山山脈向北的這一片地區；第二個板塊可以將者舌國南部、月氏過北面的地區，也就是今天索格底亞那（Sogdiana，即粟特地區）和西北部分區域納為一處；第三個板塊，將蔥嶺西部、海曲（地中海）東部的地區納為一處；第四個板塊在今天的黑海，以及義大利半島周圍的地中海區域。

董琬、高明等人出使西域的收穫豐富，建立了西域與北魏的朝貢宗藩關係。如前所述，董琬等人東還時，西域有十六個小國隨團入朝北魏，自此之後，相繼而來的使者，從未間斷。《魏書．世祖紀》中有關使節往來的記載聲勢浩大。

西元四三五年（太延元年）二月，焉耆、車師一些國家紛紛派遣使者，向北魏獻上希望建立邦交的誠意。

西元四三五年（太延元年）六月，鄯善國也隨之派遣使者表達誠心。

西元四三五年（太延元年）八月，粟特國派遣使者獻上禮物。

西元四三六年（太延二年）八月，北魏再次派遣使者出使西域，加強貿易溝通往來。

西元四三七年（太延三年）三月，車師、烏孫、鄯善等許多國家紛紛派遣使臣向北魏進發，表達各自君主對與北魏友好往來的誠心。

西元四三七年（太延三年）十一月，破洛那與者舌國奉上汗血寶馬，以表敬意。

有學者統計了魏太武帝太延元年至魏孝武帝永熙元年（西元四三五年～五三二年）期間西域諸國朝貢的次數：疏勒十六次，嚈噠十五次，高昌十四次，于闐、悉萬斤各十二次，波斯十一次，粟特、渴盤陀各八次，鄯善、破洛那各六次，高車、悉居半各五次，焉耆四次。平均每年都有西域小國向北魏朝貢，有時一年數國來朝，有時一國一年數次來朝。這裡面雖然包含了北魏退出西域後的朝獻次數，但也能反映董琬、高明通西域後，北魏在西域的影響。

董琬、高明等人出使西域的另一收穫，就是將沿途考察到的西域情報帶回了北魏。上文曾提到在董琬、高明等的報告裡，西域可分為四個區域。此外，董琬等人還整理了通往西域的道路，共有四條：第一條路從敦煌玉門關方向一路向西，經過流沙河，繼續向西前進，直至到達鄯善國；第二條路則是渡過流沙河後改向北行，大致前進兩千二百里可到達車師國；第三條路則要通過莎車、柔然後，繼續西行到蔥嶺，過了蔥嶺之後仍然不改方向前行，直至達到伽倍；第四條路是出莎車國，向西南方向行進至蔥嶺，然後繼續前行至波路國，大約一千三百里的路程。

報告增進了北魏對西域乃至世界的了解，有助於北魏制定全面的戰略規劃，對於今日了解當時西域的情況也很有幫助。

## 三、新的篇章

董琬等人出使後，西域形勢有所變化，主要表現在柔然和北涼與北魏爭奪西域的鄯善、焉耆、龜茲、悅般、車師前部、高昌、于闐等方面。北魏的政策是堅決打擊背叛者，打擊阻礙西域交通的政權，維護北魏在西域的統治。北魏在西域的統治方式可以分為兩個階段，第一階段是與西域諸國通使往來，西域諸國稱臣朝貢；第二階段則發展到軍事占領、直接管轄西域小國。到了西元四七〇年代以後，由於種種原因，北魏逐漸退出西域。

董琬通西域之後，首先阻礙北魏與西域往來的是柔然和北涼政權。柔然聞北魏通西域後，埋伏許久的雄獅終於露出了嗜血本性，柔然於太延二年（西元四三六年），斷絕和漢朝的友好往來之關係。

《魏書・西域傳》中記載，最初，世祖每次派遣使者出使西域，常常詔令北涼河西王沮渠牧犍，前來護送使團到達姑臧，沮渠牧犍帶領使團一路橫渡流沙。牧犍開始還奉詔送行，以後由於柔然的教唆和破壞，態度也發生了變化。柔然遣使對北涼說：「去年北魏的天子派軍隊來攻打我，他們的士兵和戰馬都得瘟疫而死，北魏大敗而歸，我將其長弟樂平王抓住。」後來，柔然又派遣使者前往西域諸國並告訴他們，北魏的實力已經被削弱，而今天下最強的唯有我柔然國，所以北魏如果再派遣使者來，就請不要謙恭進奉了吧！北涼沮渠牧犍早就有異心，聞之大喜，從此怠慢北魏，阻隔交通，西域諸國也對北魏有了背叛之意。

為了維護北魏的統治，樹威西域，西元四三九年（太延五年），北魏決定討伐北涼。拓跋燾下詔書指責沮渠牧犍，表面上逢迎，暗地裡卻早生二心；既然受了北魏的封號，又接受劉宋的冊封，兩邊的榮耀都想要享受，實乃無恥；明明知道北魏國的願望是與西域諸國交好，以便貿易往來，卻不懷好意使用卑劣手段切斷往來；假意與柔然相托，又進入仇池，實乃奸人行徑等多達十二條罪狀，譴責北涼外奉北魏正朔，內卻勾結劉宋、柔然和吐谷渾，阻塞西域交通，背叛北魏。

西元四三九年（太延五年）六月，拓跋燾親自率軍討伐北涼。北涼求救於柔然。柔然出兵進攻北魏京城，以期收「圍魏救趙」之效。拓跋燾伐北涼前曾說：「蠕蠕吳提與牧犍連和，今聞朕征涼州，必來犯塞。」因此早有準備，柔然沒有得逞。

七月，北魏圍姑臧；九月，沮渠牧犍投降。北涼政權滅亡。北魏掃清了河西走廊上阻塞西域交通的障礙，統一了北方中原地區。

今天，當我們踏上那條西行之路，仍能從這些早已逝去的韶華時光中，感受到西行使者的堅韌與勇氣。他們的信念與執著澆灌著路上的每一寸土地，滋養著不屈不撓的民族氣節，閃耀著亙古不滅的光輝。

# 第十一章
## 隋煬帝西巡：焉支山下的盛會

「肅肅秋風起，悠悠行萬里。
萬里何所行，橫漠築長城。
豈合小子智，先聖之所營。
樹茲萬世策，安此億兆生。
詎敢憚焦思，高枕於上京。
北河見武節，千里卷戎旌。
山川互出沒，原野窮超忽。
撞金止行陣，鳴鼓興士卒。
千乘萬旗動，飲馬長城窟。

秋昏塞外雲，霧暗關山月。
緣嚴驛馬上，乘空烽火發。
借問長城侯，單于入朝謁。
濁氣靜天山，晨光照高闕。
釋兵仍振旅，要荒事萬舉。
飲至告言旋，功歸清廟前。

一千四百年前，在茫茫絲路上，一名充滿了壯志的詩人穿過歷史的寒冷和遙遠，用詩歌呈現出一代帝王的豪情與壯志，這個人便是隋煬帝。讀到其〈飲馬長城窟行．示從征群臣〉，一首詩的壯闊和一代帝王的雄心便在詩歌中升起。

一千四百年後，舉世矚目的上海世博會隆重舉行。在此次世博會上，「張掖萬國博覽會」這個具有甘肅厚重文化特色的展項，被「搬入」甘肅館內，一幅隋煬帝西巡焉支山、舉辦「萬國博覽會」的氣勢恢宏的壁畫，將人們的思緒帶回了千年前那個場面空前的盛會。

## 一、河西走廊上的駝鈴

談起河西走廊上清脆的駝鈴，談起今日依舊坐落於河西走廊上的城池。張騫「鑿通」西域後，甘肅便成為絲綢之路大通道上的黃金地帶，來自西域的商隊絡繹不絕穿過這片土地，山丹成為甘肅大地上十分重要的中外貿易的轉運站。鑲嵌在河西走廊中部的山丹縣初建於漢武帝時期，至隋代，形成了多民族聚集地，農耕區與游牧區相互交融，中西商隊的駝鈴聲從此響徹漫長孤獨的河西走廊。

隋代，張掖由民間的「互市」發展到官府組織的「交市」，在中外交往中占有十分重要的地位。這是隋朝基於政治、經濟、軍事、文化、外交等各方面綜合考慮的一種策略。可以說，這裡不僅是西域各國與中原進行商貿活動的重要轉運站，也是中原王朝的重要軍事戰略要地。

在隋朝建立前的幾十年間，生活在青海地區的吐谷渾，常常翻越祁連山，打劫河西走廊的中西商隊，充當中西貿易的中間人，甚至控制交易，對絲綢之路上的貿易構成重大威脅，人們無奈將這條道路稱為「吐谷渾道」。隋朝建立以來，吐谷渾、突厥對河西構成南北夾擊之勢，戰亂不斷，人們長期不得安寧，嚴重影響了河西地區的安全穩定。

隋煬帝即位後不久，開始將擴邊的戰略目光逐漸轉向西北，轉向吐谷渾、西突厥。他修築長城，保障國家安全，推行軍屯，解決軍糧供給。依靠河西豐饒的水草，在山丹大力發展畜牧業，培育良種馬匹。他不僅加強了騎兵的軍事力量，而且為農業發展提供了充足的畜力。國力的空前強盛，為隋煬帝平定吐谷渾，御駕西巡、舉辦萬國博覽會奠定了堅實的基礎。

西元六〇七年（大業三年），隋煬帝選派吏部侍郎裴矩，第二次前往甘州（今張掖）掌管互市，主持中西貿易，聯絡西域商人，為將來重新開通絲綢之路做準備。裴矩對隋煬帝經略西域、開闊邊遠的想法心領神會。裴矩早在大業元年就接受隋煬帝詔命，到張掖監護貿易時，已翻閱了大量的歷史典籍，並利用一切機會深入調查河西各地的自然地理、政治狀況、商業發展、風土人情、服飾禮儀等，同時繪製成圖，整理撰成《西域圖記》三卷，獻給隋煬帝。此書記載了西域四十四國的詳實情況，隋煬帝讀到後欣喜若狂，《西域圖記》激發了他開通西域的壯志，很快他將經營西域事宜悉數委任於裴矩。隋煬帝巡幸甘肅，威懾西域諸國，打算在張掖舉辦萬國博覽會的想法大概萌動於此。

裴矩掌管貿易後，「西域諸胡多至張掖交市」，他充分利用和胡商的良好關係，招引西域諸國來長安、洛陽互市貿易，並傾心交結西域使者。他又選擇以漢人為主體的高昌（治地在今新疆吐魯番東）、伊吾（今新疆哈密市）兩個地方政權作為外交突破口，派遣使者，用重利吸引他們到中原朝覲，然後再以此促使西域其他政權歸附中華，這些都為萬國博覽會創造了良好的外部環境。

## 二、萬國博覽會

西元六〇八年（隋大業四年），出身於武將功臣世家的宇文愷召集能工巧匠，製造煬帝西巡行宮，《隋書》謂「觀風行殿」。又造六合殿、千人帳，皆可容待衛數百人。行宮下方設置軸輪，用十二匹馬拉動前行。這種行宮，實為易組合、拆卸的活動板房，也是煬帝西巡攜帶的用於住宿、朝政、辦事的帳篷。

西元六〇九年（大業五年）正月，隋煬帝在鐵軍護衛下離開國都洛陽，浩浩蕩蕩開始了西巡河西的旅程，隨行的有文武官員、宮女后妃、僧尼道士、舞樂演員等，規模和大業四年北巡五原不相上下。一路上戰旗獵獵，金戈鐵馬，盡顯隋王朝國力之強盛。這是他一生八次巡視的第四次，也是意義最重大的一次。

隋煬帝一行自關中赴河西，沿渭河，越隴山，過寶雞，四月初到達今甘肅省渭源縣。五月初，從今臨夏市積石山縣大河家臨津關渡過黃河，到達青海樂都。為了向當地羌人誇耀自己的軍事才華，隋煬帝決定「陳兵講武」。他下令調遣元壽、段文振、楊義臣、張壽等率大軍從四面合圍吐谷渾餘部，戰事歷時月餘，吐谷渾除可汗伏戎等數十騎逃脫外，幾乎全軍覆滅，仙頭王率領十餘萬人歸順隋朝。自此，隋煬帝掃清了西巡的障礙。與此同時，當時駐守武威郡的樊子蓋，為煬帝在山丹焉支山召開萬國博覽會做了大量前期準備工作，並精心組織安排了接待工作和文化活動。

六月初，隋煬帝從青海前往張掖。八日，十餘萬人排成一條長龍，從祁連山扁都口穿越六十公里的險隘峽谷大斗拔谷時，山路崎嶇，風雪交加，白晝如夜，幾乎看不見路，「士卒凍死者大半」。

十一日，隋煬帝一行到達張掖郡。十六日，隋煬帝專門召見張掖郡學生和才藝優秀的文人，以及當地在官勤奮、堪理政事、立性正直、不畏強禦的四科舉人，並決定於次日帶領朝臣前往焉支山。當時駐守武威郡的大將樊子蓋，早早率兵駐守焉支山，準備迎接鑾駕。敦煌莫高窟曾出土了一件西元六〇九年（大業五年）六月十五日的《甲具弓箭勘驗牒》文書殘片，記述當時對弓箭武器管理非常嚴格，這恰恰是隋煬帝在張掖駐蹕的時期，說明當時整個河西走廊都處於戒備狀態，以確保皇帝西巡萬無一失。

焉支山，主峰毛帽山海拔三千九百七十八公尺，又稱作燕支山、胭脂山、刪丹山，因產大黃極佳，又名大黃山，係祁連山一個支脈，位於山丹縣東南四十多公里處。焉支山水草豐美，山上長滿了藍花，也叫山丹花，是製作胭脂的上等原料，因單于皇后號閼氏，漢語音譯為焉支、胭脂，於是稱紅藍花為焉支花，山因此而得名。焉支花鮮紅欲滴，花粉和花瓣是漢代匈奴婦女的天然化妝品，一度失去焉支山的匈奴人，曾無限傷感地悵惘悲嘆：「失我焉支山，令我婦女無顏色。」

在裴矩的重利誘惑下，當時高昌（治地在今新疆吐魯番東）王麴伯牙、伊吾（今新疆哈密市）吐屯設等獻西域千里之地，隋煬帝龍顏大悅。為了向西域諸國顯示隋朝的富強繁盛和自己的威嚴顯赫，十七日，煬帝前往焉支山召見西域諸國使臣，一路焚香奏樂，歌舞喧噪，高昌、龜茲、疏勒、于闐、契丹等二十七國的國王和使臣，迎立道左，接候御駕。武威、張掖十幾萬身著節日盛裝的軍士和百姓夾道歡迎，觀看皇帝接見西域王臣的盛大場面。

隋煬帝下榻焉支山下，昔日寂寥的草原頓時熱鬧萬分，西巡隊伍旌旗招展，戒備森嚴，連營數十里。行宮外，由大將軍宇文述布設「斥候」（哨兵）武裝警戒。

十八日，隋煬帝在鼓樂聲中宣詔設置西海（治地在今青海共和縣切吉塘一帶）、河源（今青海興海縣）、鄯善（今新疆若羌縣）、且末（今新疆且末縣）四郡，全國設郡數量達到一百九十個、縣達到一千二百五十五個。四郡的設置是中國疆域史和民族史上的重大歷史事件，隋煬帝第一次將青海全境納入中原王朝的版圖。司馬光對此讚歎道：「隋氏之盛，極於此也。」

二十一日，博覽會正式開幕，躊躇滿志的隋煬帝親臨焉支山觀風行殿，盛陳國內文物。究竟當時展出了什麼，不得而知，但我們相信展品足以震撼西域王臣，他們透過展品深深感受到一個文明綿延不絕的中原帝國是何等強盛與富足。展覽會不僅僅限於物品展覽，隋煬帝還在觀風行殿設宴款待各國王臣。隋煬帝的宴會大廳觀風行殿，係行宮的一部分。據《隋書．閻毗列傳》，焉支山行宮由閻毗負責搭建，行宮由六合城、六合殿、千人帳三部分組成，其中六合殿也就是觀風行殿，可容納數百人，宴會場面十分宏大。

歡聲笑語中，心滿意足的楊廣為諸國王臣舉辦了專場歌舞演出，特意安排了來自印度、西域、朝鮮等地的《清樂》、《龜茲》、《西涼》等九部音樂，並演出漢武帝時期從西域傳入中國的雜技「魚龍漫衍」。據《資治通鑒》記載，雜技讓人扮成珍稀動物，有猞猁獸先跳躍，忽然水滿街道，到處是龜鰲鱉，鯨魚吞雲吐霧，遮天蔽日，轉眼化為黃龍七八丈。又二人分左右行走，頭上各頂一條長竿，竿上有人舞動，相互在桿上跳躍，尤為壯觀。

二十三日，博覽會再次迎來高潮，心情歡悅的隋煬帝大赦天下，宣告免除隴右地區的賦稅徭役一年，他經過的地方免除賦稅徭役兩年。興致勃勃的楊廣在文武大臣和諸國王臣簇擁下，效法秦皇、漢武封禪泰山的禮儀，以君臨天下的氣概登上焉支山峰頂，祭祀天地神靈，保佑國運昌盛。隨著裊裊香煙，歷時約一週的萬國博覽會緩緩落下帷幕。這次「萬國博覽會」

規模之大，規格之高，人數之多，耗資之巨，史無前例。

## 三、歷史紛紜中的隋煬帝

河西走廊地域寬廣，為什麼博覽會要選在焉支山呢？

六月的焉支山樹木蔥茏，草長鶯飛，山腳下有一片開闊的大草原，可以容納數萬人，最重要的原因在於焉支山具有深遠的政治象徵意義。漢武帝元狩二年（西元前一二一年）春，驃騎將軍霍去病率領數萬將士出隴西，過焉支山，攻擊匈奴，俘獲匈奴萬餘人，戰績輝煌。隋煬帝選定焉支山召見西域王臣，目的在於向他們宣示自己控制西北邊疆的戰略意圖。

隋煬帝一生仰慕秦皇漢武，焉支山博覽會在拓展邊土、發展經濟、強化軍事、提高河西的政治經濟軍事文化地位等諸多方面都具有深遠的戰略效應。

西巡與博覽會充分展示了隋帝國強大的國力。博覽會期間，在一片祥和吉慶的歌舞聲中，高昌、伊吾獻地千里，煬帝下令設置西海、河源、鄯善、且末四郡，再次將青海、新疆等地納入中原王朝的版圖。這充分說明西北是中國領土不可分割的一部分。

隋煬帝西巡解除了突厥和吐谷渾對隋王朝的威脅，解除了他們對絲綢之路黃金地帶的控制，對西域諸國產生了巨大的威懾效應；博覽會的成功舉辦，有利於西部邊陲的安定和經濟文化的發展。

博覽會展現了隋帝國友好大氣，希望構建西北邊地和諧關係的戰略意圖，也展示了中華民族好客熱情、不計前嫌的優良傳統。絲綢之路再次暢通無阻，西域三十餘國紛紛歸服，君王使臣商客相繼到敦煌、張掖、涼州、長安、洛陽、揚州、廣州等地訪問參觀、經商，促進了中西貿易的繁榮和中西文化的交流融合。

遠遠望去，今天的焉支山，蒼松翠柏鬱鬱蔥蔥，滿坡綠草簇擁在焉支花旁，在細細的微風中搖曳，煞是好看。今天，當年萬國博覽會的勝蹟已經蕩然無存，一代梟雄曾經擁有的威儀與輝煌早已遁入歷史，唯有山頂鐘山寺的清脆鐘聲伴隨著縹緲的雲霧，喚起人們久遠的遐思。

隋煬帝楊廣是隋朝的第二個皇帝，也是歷史上遭受毀譽最多的帝王之一。他生來「美姿儀」，敏慧過人，十三歲封為晉王，總管并州（山西太原）。文帝楊堅於西元六〇五年（大業元年）傳位於次子楊廣，史稱煬帝。隋煬帝很有才華、頭腦精明，對於國政也有恢宏的抱負。主政後，他巡邊拓塞、開通西域、推動大建設。這些施政作為，可謂意義重大，影響深遠。

隋煬帝在位的十四年中，只有約五年時間是在長安與東都洛陽度過，其餘時間都花在不下十次的巡遊當中，對此眾說紛紜。他因為濫用民力，造成天下大亂，直接導致了隋朝覆亡。在人民大起義的打擊下，其部下發動兵變，將他縊死於江都（今江蘇揚州）。

蒙曼教授說：「暴君不是昏君，隋煬帝雖然無德，但是有功。只是他的功業，沒有和百姓的幸福感統一，所以才會有『巍煥無非民怨結，輝煌都是血模糊』的說法。換言之，他沒有處理好功在當代、利在千秋的關係，反而成了罪在當代、利在千秋，這才是隋煬帝最大的問題。」今日，當我們翻閱史書，細覽那段波瀾壯闊的往事，在歷史長河中關於隋煬帝的爭論紛紜而又雜亂，但在蒼茫的悠悠絲路上，有一段佳話卻在中國的西部愈加動人，那便是隋煬帝西巡與萬國博覽會，它成為隋煬帝充滿豪情的詩歌之外濃墨重彩的一筆。

# 第十二章

# 王玄策：塵埃深處的英雄

大漠狼峰孤煙直，天蒼地茫嘯西番。
鐵騎踏破極樂土，揚鞭異域蔑沙場。
開疆自有王朝散，何必不忘驃騎郎。

在一首詩的讚歎裡，一位被世人遺忘的孤膽英雄，漸漸浮出歷史的煙雲，他就是三度往返於大唐帝國和印度摩揭陀王朝（梵名：Magadha）之間的王玄策。每每打開絲綢之路的卷軸，拂去歷史的塵埃，關於他的故事便躍然紙上。

## 一、四使天竺

今天，當我們對《西遊記》中的唐僧津津樂道，感慨於《大唐西域記》裡關於天竺的奇見異聞時，卻往往忽略了一位與玄奘同時期的傑出外交使節——王玄策。大唐盛世的二十年間，他前後四次出使天竺，為中國邦交做出了不可磨滅的貢獻。

天下大勢，分久必合，合久必分，自笈多王朝崩塌後，天竺眾國陷入一片混亂：勢破萬軍的亂世英雄尸羅逸多（Harshavardhana，即戒日王）勵兵圖治，「象不解鞍，人不釋甲」，耗時六年迎來了五天竺（古代印度的區域分為東天竺、南天竺、西天竺、北天竺、中天竺五大部分）的統一。戒日王方建霸業，求取佛法的東土高僧玄奘到達天竺，他聽聞遙遠而強大的東方帝國有位明君唐太宗，同他一樣以戰爭結束內亂，平定一方水土，頓生敬仰之情。對東土文明嚮往已久的尸羅逸多率先伸出了橄欖枝，遣使節來唐修貢。

> 粵以貞觀十七年（西元六四三年）三月，內爰發明詔，令使人朝散大夫、行衛尉寺丞、上護軍李義表、副使前融州黃水縣令王玄策等。（《法苑珠林》）

二十二人組成的使團出使天竺。

大唐的使團浩浩蕩蕩沿著張騫鑿空所開闢的絲綢之路出發，歷經九個月後，他們成為戒日王的座上賓。

「大臣郊迎，傾都邑縱觀，道上焚香，尸羅逸多率群臣東面受詔書。」

（《新唐書》）

此次出行，本以護送婆羅門使者為目的，但逐漸演化成一場宣揚大唐國威的盛大遊行，天竺諸國紛紛向大唐進貢。東方使團足跡遍及天竺，直至西元六四五年二月，才重新返航。

在此期間，王玄策逐漸了解了天竺的風土人情，熟悉了西去交通。誰也不曾料想，正是這次西行，開啟了屬於王玄策外交時代的大門，為唐代外交史添上了濃墨重彩的一筆。

西元六四八年（貞觀二十二年）五月，唐王朝又一次送出使團出行天竺。王玄策擔任正使，蔣師仁為副史。然而，此次迎接他們的卻是「發胡兵以拒玄策」的結局，他們前行的道路充滿挫折。

原來，戒日王過世不久，魔揭陀貴族為爭奪王位發起內亂，大臣阿羅那順（Arunashwa）

篡位自立。大唐的使團在前往天竺的路程中，沿途收到諸國進貢。阿羅順那見貢品貴重豐厚，加之王玄策一行僅三十餘人，貞觀王朝遠在萬里之外，貪慾和殺意在阿羅順的內心燃燒起來。他調集軍隊，意欲劫奪財物，加害大唐使團。王玄策率眾使奮力抵抗，奈何寡不敵眾，財物被洗劫一空，三十多人也因矢盡被俘。

難道使團就此全軍覆沒？王玄策和蔣師仁冒險越獄，求助於吐蕃和尼波羅（今尼泊爾），借得一千九百騎兵，重新殺回天竺。僅三日，阿羅那順便棄城而逃，後被蔣師仁生擒。王玄策的告捷猶如隔空升起的一束煙火，照亮了長安城的夜空。唐太宗大喜，升任王玄策為散朝大夫。同時，天竺諸國懾於唐王朝國威，紛紛朝貢。

第二年五月，使團押送著俘虜阿羅順那，順利班師回朝。第二次出行，王玄策不辱使命，進一步強化了唐朝與西域的關係。

時隔十載的西元六五七年（顯慶二年），唐高宗再次前往西域，他的西行和佛教有關。他這次出使的主要目的是護送佛寶袈裟到尼波羅國。

西元六五九年（顯慶四年），王玄策到達婆栗闍國（今印度達班加北部）。

西元六六〇年（顯慶五年）九月二十七日，大菩提寺主戒龍為王玄策使團舉辦告別會，贈送食器等禮品。十月一日，戒龍攜寺眾送行五里，王玄策啟程歸國。

西元六六二年（龍朔二年），王玄策在家鄉洛陽謁見高宗皇帝，再次奉旨出使。

西元六六五年（麟德二年），王玄策回國。

被譽為「世界史上空前絕後奇功」的王玄策，他官位五品，官運並不亨通，正史不能為他樹碑立傳。他的著作《中天竺行記》早已散落，幾無存留。前有雄才武略的常惠，聯盟烏孫擊敗匈奴；後有德高望重的玄奘，西天取經，唯獨遺忘了一個他。直至日本奇幻小說家田中芳樹的小說《天竺熱風錄》風靡一時，王玄策才逐漸走進人們的視野。這段塵封了一千多年的波瀾壯闊的歷史，又一次呈現在我們面前。

## 二、一人滅一國

王玄策第二次出使天竺期間，書寫了一段讓人熱血沸騰的傳奇。

七世紀，李氏家族結束了五代十朝各霸一方的割據局面，唐王朝在一代天驕李世民的治理下，衝上了封建王朝的雲霄。與此同時，在遙遠的恆河畔，曲女城（今印度卡瑙傑）統治者尸羅逸多的鐵蹄橫掃北印度，結束了多年的分裂。

西元六四三年（貞觀十七年），李義表、王玄策的隊伍到達天竺。戒日王喜不自勝，帶領大臣們出郊遠迎，夾道焚香，隆重至極。第一次的友好來往後，西元六四八年（貞觀二十二年），王玄策和蔣師仁又一次前往摩揭陀國，這一次，等待他們的卻是截然相反的命運。《舊唐書》有言：

「先是遣右率府長史王玄策使天竺，其四天竺國王咸遣使朝貢。會中天竺王尸羅逸多死，國中大亂，其臣那伏帝阿羅那順篡立，乃盡發胡兵以拒玄策。」

戒日王尸羅逸多過世後，因生前無子嗣，大臣阿羅那順伺機攫取王位。大唐使團沿長安——吐蕃——尼波羅一線，途經天竺諸國，收到了大批貴重貢品。阿羅那順一改戒日王對唐友好的外交政策，派兵伏擊使團。王玄策臨危不懼，儘管「時從騎才數十」，他仍負隅頑抗，帶領著寥寥人馬與阿羅順那的軍隊誓死奮戰。然而，雙方實力懸殊，王玄策的隊伍最終彈盡糧絕，囊中空無一矢，最終全軍被俘。阿羅順那將覬覦已久的「諸國貢獻之物」剽掠一空。遙想陽春四月，他們帶著唐王的殷殷寄託出征，穿過秦川，越過戈壁，翻過祁連，何等意氣風發，而今，卻深陷有去無回的絕境。

整個使團身陷囹圄，既不能鴻雁傳書等待萬里之外的救援，更不能就此背信棄義背叛祖國和太宗皇帝。月光灑進鐵窗，瀉下一片如水的寂靜，王玄策輾轉反側。生死只在一線間，更何況身負大唐的盛名，更不能就此屍埋異鄉。

亂世始出英雄，絕處方能逢生。王玄策和蔣師仁冒死越獄。他們得到了戒日王之妹拉芝修黎（Rajyashri）公主的幫助，逃出天竺北上。一個險峻的主意在他腦海中升起，他決定殺回天竺，重振國威！王玄策一路北上，穿過甘地斯河，越過辛都斯坦平原。

貞觀年間，文成公主遠嫁塞外吐蕃，強大的西南吐蕃從此歸順天朝。王玄策首先到達吐蕃，詳細稟告了此次出使天竺的經過。聽聞唐使受此大辱，松贊干布立刻表明態度，願意幫助王玄策一行，借予王玄策一千二百名精銳之師。

王玄策初次出使天竺，受到尼波羅國王那陵提婆（Narendradeva）的款待，尼波羅和唐朝建立了良好的外交關係。他謁見了鴦輸伐摩王（Amsuvarma），尼波羅國爽快派出七千騎兵助其一臂之力，章求拔國也加入王玄策的後援團隊。

王玄策率領著借來的救兵，往中天竺摩揭陀國進發。從小熟讀聖賢、從未舞槍弄棒的王玄策第一次帶兵，就打了一個漂亮的「翻身仗」。經過三天戰鬥，王玄策的軍隊攻陷了茶博和羅城兩座城池。這次戰果斐然，斬首三千，溺水死萬人。妄自尊大的阿羅順那，只當首次交戰失利屬時運不濟，逃回了中印度。王玄策乘勝追擊，訓練有素的印度軍在這支臨時拼湊的「討伐軍」面前潰不成軍。阿羅順那倉皇委城逃逸，輾轉投奔東印度，從東印度王拘摩羅（Kumara）處搬來救兵。他整合了丟盔棄甲的殘部和援軍，妄圖反攻。然而在戰場上，王玄策再次給他當頭一棒。王玄策和蔣師仁巧妙設計，引得阿羅順那上鉤，一舉殲滅殘餘兵力，生擒了阿羅順那，此戰大獲全勝。

阿羅順那之妻擁兵依險負嵎，堅守著扼襟控咽的犍陀羅，蔣師仁率兵伏擊，其妻「大潰」。除俘獲了阿羅順那的妃子、王子外，共俘「男女萬二千人，雜畜三萬，降城邑五百八十所」。王玄策部隊的勝利不僅震動了整個天竺，受阿羅順那脅迫與唐朝一度斷交的國家紛紛示好。曾經幫助阿羅順那攻打王玄策的東天竺王拘摩羅，更是聞風喪膽，他即刻派人送上三萬牛馬以犒勞遠征軍，以及弓、刀、珍寶等若干，以示臣服。

此場勢如破竹的戰鬥，共殲滅敵軍三千餘人，約有一萬人因被追擊而落水溺亡，俘虜一萬一千人以上，其中包括阿羅順那的象部隊。王玄策的遠征軍，徹底澆滅了阿羅順那的囂張氣焰。

對王玄策來說，在這條西行的路上，前人的英勇事蹟並未隨著歲月的變遷而變得黯淡。當年，投筆從戎的班超以一種「不入虎穴，焉得虎子」的英勇氣概在夜裡火攻北匈奴，後又「以夷制夷」，開闢了絲綢之路的新天地。曾持節堅守十九載的常惠，亦能聯合漢和烏孫之兵將大勝匈奴。

當國家威嚴受到侮辱，當君王的重託面臨失守，即使在萬里之遙的他鄉形單影隻，即使面臨著屍骨異鄉的命運，王玄策也毅然選擇了臨危不懼戰鬥。這場仗比班超、比常惠打得更艱難。與以往任何一次戰鬥不同，這一次既無戰前準備，又無儲備兵力，更無武士將領指揮。與王玄策、蔣師仁二人對峙的是數萬人全副武裝的異族軍隊。

西元六四八年（貞觀二十二年），王玄策一隊人馬押送著披枷戴鎖的阿羅順那班師回國。太宗皇帝大喜過望，下詔封賞不辱使命的王玄策為朝散大夫。第二年唐太宗去世，昭陵前雕有貞觀年間十四國蕃酋君王石刻像，其中就有阿羅那順。

古來征戰幾人回，不知他們在奔赴他鄉時有沒有產生一絲憂思；一將功成萬骨枯，不知他們在戰場上廝殺時有沒有發出一聲嗟嘆。不得不讚嘆此二人文武兼修、智勇雙全，以少勝多，不知彼而贏，創造了「一人滅一國」的軍事奇蹟。

## 三、更遠的道路

王玄策不僅是一位成績斐然的外交家，更是一位福澤後世的文化傳播者。他發揚了佛教文明，學取了製糖法，撰寫了《中天竺國行記》，甚至說起唐代以後的幻術，也不得不提起王玄策。

與我們日常生活息息相關的砂糖，梵文為sarkara（即敦煌殘卷中提到的「煞割令」），製糖技術最早出現在印度，漢代出現印度的「石糖」（「石蜜」、「西極石蜜」、「西國石蜜」）。王玄策奉唐太宗之旨出使天竺尋訪製糖技術，正是在這次出使中，王玄策創造了「一人滅一國」的赫赫戰績。

王玄策歸國時，不僅習得「製石蜜法」，心思縝密的他還從天竺的摩訶菩提寺請來了十位專門的製糖人員。唐太宗下令揚州地區大面積種植甘蔗，進貢朝廷用於製造石蜜。青出於藍而勝於藍，經過十位工匠的試製，改進了製糖術，將紫砂糖淨化為白糖，所製之糖色味均超過印度的砂糖，自此白糖成為中國重要的出口產物。

除此之外，王玄策還帶來了其他物種。初次出使，王玄策受到戒日王熱情歡迎，「戒日王復獻火珠、鬱金、菩提樹」，這三種植物品種傳入中國。此外，傳入中國的還有尼波羅的菠棱菜（菠菜）、榨菜、渾提蔥（洋蔥），豐富了中國的蔬菜品種。

作為玄奘法師的洛陽老鄉，王玄策帶回了不少佛教聖物，這大大促進了佛教文明的發展。

第一次出使期間，使團成員宋法智摹寫彌勒像，回國後僧侶畫師競相描摹。第二次出使時，王玄策從印度鹿野苑拓得佛足石圖。山西五台山的佛足跡銘文，其源頭都來自印度佛足石圖。

顯慶年間，唐高宗命王玄策等人前往天竺送佛寶袈裟，大大推動了發揚佛法。《法苑珠林》中提到，王玄策帶回佛頂舍利，他參觀大乘居士維摩詰的住宅基地淨命宅，用隨身所帶笏板丈量長寬。「近使人王玄策以笏量之，止有一丈，故方丈之名因而生焉。」從此，方丈成為稱呼寺廟殿宇主事之人的專有名詞。

王玄策第四次出使天竺，探訪了久居天竺修習佛法的「太州仙掌人」玄照，完成了他最後一次使命。

西元六六一年（龍朔元年），王玄策將畢生親歷親見彙集，歷經數年，寫成了《中天竺國行記》。官府據此書和《大唐西域記》編撰了《西國志》，書六十卷，圖四十卷。可惜《西國志》在宋代佚失，《中天竺國行記》也僅存片段，散布在《法苑珠林》、《諸經要集》、《釋迦方志》等書裡。

《中天竺國行記》中記錄了大量的故事，這些故事廣為流傳，後人根據這些故事創造了豐富的文字、圖像資料。第一次出使塞外的王玄策，曾被尼波羅國王那陵提婆邀請參觀阿耆婆瀰池，這作為佛教題材出現在敦煌莫高窟的壁畫中。書中所載故事，對佛教傳播和文學發展也作出了貢獻。文殊菩薩向東海龍王借「歇龍石」，五台山由此形成，這一故事即是從《中天竺國行記》裡脫胎而來。

一九九〇年代初，一塊名為《大唐天竺使出銘》的唐代摩崖石碑，在西藏被發現，又一次把湮沒在塵埃裡的王玄策拉回人們視線。兩百二十二字的碑中記載：顯慶年間，高宗皇帝派遣使節左驍衛長使王玄策等「選關內良家之子」數人，出使天竺。這是首次發現王玄策出使印度的實物史料。王玄策沿張騫所開之路西行，開闢了著名的中印交通道路——唐蕃古道，促進了中國和西域的交流。

也許是命運跟王玄策開了個小小的玩笑，生前他是官運不達的傳奇外交官，而今他是不為人知的先驅。三十功名塵與土，八千里路雲和月。往日的功名利祿終會煙消雲散，唯有他那顆捍衛國家尊嚴的拳拳之心，仍像一面高高樹起的旗幟，迎風飄揚。

# 第十三章

## 陳誠：遺落沙海的明珠

天下風雲出我輩，一入江湖歲月催。
皇圖霸業談笑中，不勝人生一場醉。
提劍跨騎揮鬼雨，白骨如山鳥驚飛。
塵事如潮人如水，只嘆江湖幾人回。

當詩人用極其簡練的筆法描繪出行走於塵世的滄桑，一幅壯士行走於江湖的豪邁畫卷徐徐展開。回眸遠望，在西域他鄉，曾有一顆明珠被遺落於絲路沙海的荒涼中。

十五世紀，當西亞地區硝煙瀰漫，戰火連天時，人們可曾記得一個執著在漫天黃沙中的身影？十五世紀，當龐大的艦隊開下南洋，開啟中國海上霸主時代時，人們可曾記得一排孤寂在莽莽荒原上的腳印？十五世紀，當中國立於世界之巔，接受四方來朝時，人們可曾記得那一曲往返在絲綢之路上的壯歌？陳誠——一顆快要被歷史塵封的明珠，今又重現眼前，在荒蕪的黑暗中，等待朝陽破曉，折射璀璨光華。

## 一、荒海拾遺

在茫茫絲路沙海中，有一個孤獨的身影正向我們走來。

他一生五次出使西域、一次出使安南，都為明王朝與周邊番邦和睦友好交流做出了卓著的貢獻，但他卻成為了一個被遮擋在鄭和光芒之後的行人，一名被《明史》遺忘的使者。他的名字僅為寥寥數人所知曉，他叫陳誠。今日，我們只能從順治年間重修的《吉安府志》和朋友贈賦中了解到他的生平事蹟。

陳誠，西元一三六五年生於江西吉水縣同水鄉高坑（今阜田鎮高坑上陳家）。當時正值元末社會大動盪，明王朝建立時，他只有四歲。時勢造英雄，他生逢亂世，卻不被世俗淹沒；他天資聰穎，卻不恃才傲物。陳誠二十六歲（西元一三九一年）中吉安府秀才，二十八歲（西元一三九三年）中江西鄉試第十二名舉人，二十九歲（西元一三九四年）參加禮部會試，中第八十六名貢士，殿試中第六十二名進士，授官吏部行人司行人（相當於今天的外交官）。當時著名學者方孝孺在《陳子魯字說》一書中，稱讚他「端方雅重，好學有文章」。

在吳勤〈贈翰林陳檢討子魯官滿歸省序〉中，陳誠曾被「詔往北平求賢，山東蠲租，安南諭夷，皆能不辱命」。「南逾嶺海，北抵幽并，東之閩越，西自關陝，至於秦隴河湟，靡不涉歷。」由此可見，陳誠的足跡遍布大江南北，也飽受漫旅之苦。

## 二、一路向西

時至西元一三七二年（洪武五年），明太祖朱元璋任命馮勝為「征西將軍」，旨在奪取甘肅，討伐蒙元殘餘勢力擴廓帖木兒（王保保），自此拉開了大明王朝在蒙元滅亡後接管西域地區的序幕。明代撒里畏兀兒（回紇一部，活動範圍大致位於今甘肅和新疆接壤處，柴達木盆地之西），「其地廣袤千里，去甘肅一千五百里，東抵罕東，西距天可里，北彌瓜沙洲，南界吐蕃」。西元一三七四年（洪武七年），撒里畏兀兒遣使來京朝貢，明朝在此設置了安定、阿端兩衛。

「遣行人陳誠立撒里畏兀兒爲安定衛指揮使司。初，自安定王卜煙帖

> 木兒遣使朝貢，詔立其酋長爲四部，給銅印，守其地。後蕃將朵兒只巴叛，逾沙漠，過其地，大肆殺掠，並奪其印去。由是其部微弱。藍玉征西，兵徇阿真，土酋司徒哈昝等懼竄，匿山谷間不敢出。及肅王之國甘州，哈昝等遣番僧撒爾加藏卜等至甘州見王，乞授官以安部屬。王爲奏請，於是成立其部爲安定衛，以銅印五十八給之，置官屬如諸衛。（《明太祖實錄》）

但不久之後，這裡發生內亂，各部落間連年混戰，兩衛逐漸失去了作用，被廢止。

到了西元一三九六年（洪武二十九年），朱元璋應撒馬畏兀兒番邦酋長之請求，「欲遣儒臣中能文能武長才者，遠使西域」。而當時「左右大臣咸以子魯薦」，因此入仕不久的陳誠欣然從命。於是在該年三月二十四日，即率使團持節遠行。滿朝大臣讚譽陳誠此舉為「忠義慷慨，從古稀有」。陳誠一到該地，就安撫各番，並重新設置了安定、阿端、曲先三衛（今甘肅敦煌南部）。

西元一四一三年（永樂十一年），西域赫拉特國（今阿富汗西部）和撒馬兒罕國（在今中亞一帶），在與大明緩和之前僵化不已的關係後，遣使抵達京師（今北京）朝貢，貢品包括獅子、犀牛、西馬、文豹等。朱棣大喜，遂於兩國使團回國後，再次派遣文武全才的陳誠回訪這兩個西域國度，答謝並處理朝廷與西域諸國的條約。護送赫拉特使臣歸國，也是陳誠二使西域中一項重大任務，這在〈獅子賦〉中有所記載。

陳誠一行於該年秋天從北京出發，過涿州、真定（今河北正定縣），在平陽（今山西臨汾市）過黃河而至陝西華山，抵長安，又經咸陽（今陝西省咸陽市）、蘭州，穿過河西走廊，自玉門進入西域。進入西域後的首站為哈密，陳誠一行人又訪問了魯陳城、火州、土魯番、于闐、別什八里、養夷、達什干、賽蘭城、撒馬兒罕、晗烈等十七個國家。陳誠一行的西域之行歷時三載，行程三萬里。時至西元一四一五年（永樂十三年）冬，使團返回北京，並向朝廷呈送了《西域行程記》、《西域番國志》、〈獅子賦〉。

西元一四一六年（永樂十四年）的春天，一條通往西域的道路再次在陳誠的腳下伸展開來，這是他第三次率團出訪西域。他這次西去的主要目的，是和西方各國商議互派商隊的數量，從而達成貿易協定。於陳誠而言，和西域諸國的談判，準備工作顯得尤其重要，「擇派戶部精於商務者」隨行，這些人在與西域各國的談判中發揮了重要的作用。那年秋天，陳誠使團再次訪問帖木兒帝國，和帖木兒帝國國王很快達成了商貿協議；同時，陳誠贈給沙哈魯（Shah Rukh）一件十分精緻的《奔馬圖》。《奔馬圖》是由明朝的宮廷畫師所作，上面畫有沙哈魯進獻給永樂皇帝的寶馬。沙哈魯十分高興，對陳誠一行熱情有加，親自為朱棣寫了一封書信，在給沙哈魯的回覆中，朱棣寫道：「相隔雖遠，而親愛愈密，心心相印，如鏡對照。」這些字眼足以見出當時中西交往的深度，同時希望「兩國臣民，共享太平安樂之福」，兩個國君不遠萬里的通信，在時間的歷史長河中也成了常被人稱讚的千古美談。

那個在西域遊刃有餘的陳誠，他的使者道路依舊久遠。

我們有必要談及陳誠的第四次西域之行。在陳誠準備前往西域時，天有不測風雲，他的母親羅氏病逝，在當時的社會背景下，此時的陳誠無論面對任何外交事務，都應回到家中為母親守孝三年，但西域出行之事令朱棣感到苦惱。在朱棣看來，出使西域，「非子魯不可擔此任」，不能沒有其中的統帥陳誠。陳誠帶著無限的悲傷和重任向西而去，抵達帖木兒國，從此《齊民要術》和《水經注》兩部典籍進入西域諸國的視野，陳誠與帖木兒國主管農業的官員深入交流，陳誠建議沙哈魯在王宮中開闢了「試驗田」。同時傳播到西域的，還有中國的農業灌溉技術。陳誠一行歸國，沙哈魯「相送百餘里，不捨之情溢於言表」。

陳誠的第五次西域之行，是在西元一四二四年（永樂二十二年），朱棣對陳誠的信任出自他出色的外交才能。這年五月，陳誠一行風塵僕僕抵達陝西，過甘肅，準備向西而去時，一個消息打斷了他們的行程，朱棣駕崩，太子朱高熾即皇帝位，「不務遠略」的政策和「撤西洋取寶之船，停止松花江造船之役，召還西域使者還京」的消息同時到來，陳誠等人在一片悲傷中回京，這是他一生中唯一一次沒有完成的出使任務。在回京的路上，陳誠回顧自己的一生，看到命運在冬日的寒風中落入蒼茫。

## 三、失落沙洲

西元一四二五年（洪熙元年）二月十日，因朝廷對外政策的調整，作為外交界老臣的陳誠只得被放回原籍，聽候使用。於是他攜家回到了故里——吉水同水鄉高坑上陳家，開始了撰寫詩文與躬耕隴畝並行的歸隱生活，其作品有〈居休詩〉四十六首，《歷官事蹟》一冊，以及〈新居上梁文〉、〈像贊〉、〈題蕭諄公思本堂記〉等雜文。

在〈出京別親友〉一詩中，我們可以看出一心為國的陳誠內心深處的柔軟和憂愁，關涉其中的除了故鄉，便是親人。

「二十餘年事漢王，幾回銜命使遐荒。
丹心素有蘇卿節，行橐終無陸賈裝。

青眼故人留別意，白頭慈母憶愁腸。
上林若有南歸燕，煩寄音書至故鄉。

西元一四二九年（宣德四年），時任宰相楊士奇讚頌了陳誠的外交偉業「君三出玉關，毫無染指」、「象犀珠玉，視若瓦礫」、「居官素以清慎勤著聞，乃膺是選，益厲清操，一介不受」、「君子真不愧天朝之使臣也」。從這些評價中足以見出陳誠一生為官之清廉。吳溥也在〈送廣東參政陳公子魯還廬陵詩序〉中表達了對陳誠文學成就的欽佩之情：「（今）拜讀紀行諸詩，皆諷諷治世之音，足以遠追古作而垂無窮。詠歎再四，不能自已。」

陳誠回到家鄉，在歸隱中度過了三十三年。時至西元一四五七年（天順元年），奉旨回京，任光祿寺右通政。一年後，陳誠離開人世，享年九十四歲，靈柩被送回家鄉，葬於吉水高坑爐下。

在陳誠去世一百八十六年之後，崇禎朝狀元、翰林修撰劉同升，在〈竹山文集序〉中對陳誠晚年的文學創作有如是評價：「元氣渾龐，不事華藻，其詩賦質而有體，文章正而有裁，不朽盛業，具諸集中。」這同時也印證了陳誠剛正不阿的人格魅力。

# 第十四章

## 馬可波羅：身兼使節的旅行家

在世界的東方和西方之間，自古以來原就有一些道路，只是經過漫長的歲月，人們的足跡可能被荒煙、蔓草、沙漠以及遺忘淹沒了。在傳說的沙海中，可能浮沉著破碎的事實，歷史有時是重新開始、重新發現的……

西元一二七一年（至元八年）十一月，一名來自威尼斯的十七歲少年懷揣著無比虔誠的心，跟著他的父親和叔父，迎著希臘和地中海吹來的風，沿著古老的絲綢之路，向著神祕的東方國度一路走去。少年不會知道，這次偉大的東方之旅將會是多麼艱難的旅程，也不會想到他後來寫下的《東方見聞錄》（又名《馬可波羅遊記》）改變了歷史的軌跡，更不會猜到此次異域探險將使他成為世界歷史上的傳奇人物。

這個少年的名字叫馬可波羅。

## 一、西人東來

小馬可一路懷著敬仰的心情，好奇打量著新鮮的世界，內心滿是喜悅，可他的父親尼古拉和叔父瑪竇卻不這麼輕鬆，因為此行他們擔負著探訪東方神祕大國的特殊使命。

此行之前，西元一二六〇年（中統元年），高貴而睿智的威尼斯商人尼古拉兄弟在君士坦丁堡經商，後來越過黑海到克里米亞半島貿易，到達了當時欽察汗國的境內，不巧正逢波斯旭烈兀與欽察別兒哥汗的戰爭，致使他們無法回國。於是尼古拉兄弟繼續朝東，避開戰事，繞過別兒哥汗，到了布哈拉城。兩名幸運的威尼斯商人在這裡遇見了旭烈兀派去朝見蒙古大汗的波斯使臣，使臣與兄弟兩相處多日，所言甚歡，便邀二人和他一同東去朝見大汗。於是兄弟二人便與使臣一同上路，來到了中國。

大約是在西元一二六六年（至元三年），尼古拉兄弟終於見到了這位他們仰慕已久的東方霸主，這位蒙古大汗就是中國史書上被稱為元世祖的忽必烈。也許是忽必烈大汗初次和歐洲人接觸，十分欣喜，向他們詢問了很多西方的事情，熱情招待了他們並給予了豐厚的賞賜。

忽必烈後來還命尼古拉兄弟帶了他給羅馬教宗的信，希望教宗派通曉基督教律和七藝（修辭學、邏輯學、語法學、數學、天文學、地理學和音樂）的人來中國，希望到耶路撒冷取一些基督聖墓前的油燈，據說有了聖油可以得福，並可用作藥物。

兄弟倆奉命回國，一路走了三年回到威尼斯。小馬可這時已經十五歲了，父親和叔父從東方帶回的動人見聞，使馬可既羨慕又敬仰。他也很想做一名了不起的商人去東方漫遊，於是央求父親和叔父回中國覆命的時候也帶著他。苦苦等待了兩年，可是新教宗並沒有派遣一百名學者，而是派兩個修士跟他們一同前去，兩個可憐的傢伙到達拉雅後，得知撒拉森人（sharqiyin）侵犯亞美尼亞非常害怕，怎麼也不肯再往前走了，只剩下波羅家族三人帶著商人的勇敢和真誠，一路繼續朝東。

## 二、東行之途

十三世紀的威尼斯，是地中海沿岸的商業中心，那時沒有幾個人敢走出歐洲，很多人以為世界是平的。

他們從威尼斯出發，過地中海東岸，沿著古老的「絲綢之路」繼續向東，到達小亞細亞半島，經由亞美尼亞折向南行，沿著美麗的底格里斯河谷，達到伊斯蘭教古城巴格達，那裡生產的絲品和金色綢緞光彩奪目。但遙遠的路途並不順利，他們在途中好幾次遭遇老鷹的襲擊，好幾次受到大雨的擊打，十分狼狽。沿波斯灣南下，向當時商業繁華的荷莫茲前進。他們不畏艱險繼而向北，穿越荒無人煙的伊朗高原，折而向東，到達阿富汗的東北端。

馬可波羅終於受不了高原山地的生活病倒了，他們停下疲憊的腳步；經過一年的休養，便又迫不及待地踏上行程。終於，他們到達了世界巫脊——帕米爾高原。馬可在書中寫道：「群山間一隻飛鳥也沒有，高原上根本沒有可以遮風擋雨的地方。」當時正值冬季，極有可能遇到暴風雪和雪崩，馬可忍受著寒冷的高原氣候，頂著隨時可能突發的危險，憑著堅韌的毅力，翻越了帕米爾高原。

下山後行至亞洲最大的市場——喀什，這可是馬可見過最大最繁華的村莊了，這裡商品琳瑯滿目，形形色色的商人從世界各地行至這裡，那些蒙著面紗的人給馬可留下了深刻的印象。向東穿過沙漠，來到以刀聞名的城鎮——英吉沙，在這裡馬克目睹了絲綢之路上用於戰鬥的武器的製造過程，他看到和田（新疆最南端，是古代「絲綢之路」上的重鎮）古老的造絲過程，還發現了不會被燒壞的神奇布料（石棉）。

繼續向東，他們遇到了此行最艱難的挑戰：穿越塔克拉瑪干大沙漠。在當地語言中，塔克拉瑪干的意思是有進無出，攝氏三十幾度的高溫下，滾燙的沙子刺得人發癢，汗水不停滴下眉頭。在夜間趕路的人，如果不小心脫了隊，便會聽見鬼魂的聲音，如果他們以為那是自己的朋友在呼喚他們，便會被鬼魂帶入沙海，再也走不出去，很多人因此失去生命。他們在這片中國最炎熱乾燥的無垠沙漠中足足穿行了兩個月，終於熬過了這段艱苦的歷程。

到達沙漠邊緣的阿克塞（位於甘肅、青海、新疆三省交界處），馬可一行在這裡遇到了一些哈薩克族的游牧人。這裡的女子、孩子都穿著新奇豔麗的服裝，人們跳舞甚至不用音樂，牧羊人和他們的孩子把羊送來，舉行莊嚴的祈禱儀式。此外，馬可還在《東方見聞錄》中描述了一段在敦煌時人們為保佑兒女平安而舉行的殺羊儀式，這種種新奇的風俗讓馬可大開眼界。

與所有從西方來到中國的人一樣，馬可來到萬里長城的盡頭嘉峪關，此時他已深入中國兩千多公里。隨後，他們途經酒泉、張掖、寧夏等地深入內蒙古，這裡的駿馬使馬可大開眼界，正是靠著這些駿馬，蒙古人開創了這個世界歷史上最龐大的帝國。數以千計的駿馬橫掃過起伏的山丘。軍隊趕赴戰場時，不用攜帶餵馬的糧草，將士靠馬匹為生，在急行軍的途中，一連幾天都是餓著肚子，饑渴難耐的時候，他們會割開馬的血管，喝下噴湧而出的馬血，再把傷口封起來，繼續前行。這樣一支吃苦耐勞、靈活機動的馬上雄獅，在平原上的推進速度真是令人難以想像。這些虎狼之師的大汗忽必烈，是有史以來擁有最多民眾、疆土、財富的霸主，每年都要移駕上都（今內蒙古多倫）避暑。

此時，他們已經費時三年有半，終於在西元一二七五年（至元十二年）夏天，抵達了元代上都。

## 三、元朝使臣

眼前的這片綠洲使馬可欣喜若狂，穿越數百公里的沙漠，來到這百萬人口的都市，眼前的景象令他驚嘆。穿過棋盤式的宏偉宮殿，馬可波羅終於見到了這位馳騁東方的霸主。

大汗隆重接待了他們。他們跪在忽必烈大汗前，謙卑匍匐在地上。大汗讓他們起立站好，然後詳細詢問他們的生活和旅途中的情況。他們向大汗講述了冒險經歷，忽必烈極為安靜聽著，對他們的長途跋涉和冒險深感驚訝。他們報告大汗上次交代的任務沒有圓滿完成的緣由，並呈上教宗的特權證明書、信件和禮物，以及基督聖墓前的油燈。大汗聽後不僅大度原諒了他們，而且對他們誠實勇敢的精神大加讚賞。當時元朝剛滅亡南宋，戎馬倥傯，大汗正急需客卿，見二十一歲的馬可風華正茂，而且行事嚴謹，便把他留在朝中。帶他從上都前往大都（北京），擔任大汗的使臣，造訪蒙古帝國最偏遠的疆域。

馬可波羅在遊記中有很多對北京的描述，「全城地面規劃猶如棋盤，其美善之極，未可宣言」。對皇室宮殿的記述，他描寫為「宮頂甚高，宮牆及房壁塗滿金銀，並繪龍、獸、鳥、騎士形象」。此外他還記述了北京貿易的發達，「百物輸入之眾，有如川流之不息，僅此一項，每日入城者記有千車，用此絲製作不少金錦綢及其他數種物品」。如此宏偉的城池，富麗的宮殿，繁榮的商業，讓來自威尼斯小鎮的他讚歎不已。走過從北京延伸近一千八百公里的人造大運河，馬可波羅在揚州任過三年的地方官，因為他了解很多鹽務方面的事，所以推測他可能是一名級別較低的鹽吏。

蹊蹺的是，他對生活了三年的城市幾乎什麼也沒講，把讚美全都給了杭州，他說「行在城所供給的娛樂，世界諸城無有及之者」，他將杭州形容成世間最偉大的城市，譽其為「天堂之城」。年輕人自然是喜歡這種地方，不厭其煩描寫這裡龐大的市場、琳瑯滿目的商品、豐富的食物美酒，以及高雅的女子。這裡的一切對年輕的馬可來說，實在太美妙了，成千上萬的房屋和橋梁，是當時的威尼斯所無法媲美的。他們萬萬想不到，在世界的另一邊會有一座如此美麗的城市，讓當時所有西方人都望塵莫及。

在為忽必烈大汗效力期間，馬可曾遠赴西藏，遇到很多不尋常的人，他們的生活異常簡樸，只吃麥麩果腹，一年只洗一次澡。這裡擁有如同小型城鎮一樣龐大的寺院，每座寺院都有兩千多名僧侶，他們落髮剃鬚，禮敬神明，歐洲教堂絕不可能有這麼大的規模。馬可波羅在他後來的遊記中，用熱情的語言描述了這裡的一切，字裡行間流露出他的真情，足見他踏上此地的誠意。

馬可波羅還曾到訪雲南，遇到一些少數民族，讓他大為驚訝的是這裡的人竟然食用生豬肉，但是他們依舊面色紅潤，生活得很健康。在中國他遇見許多匪夷所思的習俗。他把這所有的一切都描繪出來，並沒有偏見和惡意，而是以尊重和稱頌的態度敘說中國。因為馬可波羅是個商人，因此每到一地對物產商業都進行了觀察和記載，比如對中國北方見到的物種「煤」做了深刻的敘述：「有一種黑石，採自山中，如同脈絡，燃燒與薪無異，其火候且較薪為優」，看來在十三世紀的歐洲，燃煤還不是很普遍。

當他旅行到中國南方的蘇州諸城時，便突出記載了紡織錦緞綢絹工業。後來他在《馬可波羅遊記》中這樣描繪蘇州：「蘇州是一頗名貴之大城，居民是偶像教（佛教）徒，其城甚大，周圍有六十里，人煙稠密，至不知其數……此城有橋六千，皆用石建，橋甚高，其下可行船，甚至兩船可並行。」目前，江南水鄉蘇州已經與馬可波羅的家鄉威尼斯結為姐妹城市，這也是中、義關係史上的佳話。

馬可波羅和他的父親、叔父在中國居住了十七年，走遍了中國各地。此外他還奉使訪問過印尼、菲律賓、緬甸、越南等很多東南亞國家。在看到蘇州兩千多座橋，水道縱橫交錯的景象時，他感覺自己就像是回到了家鄉威尼斯。雖然很受元朝的優待，但他仍然很想念故鄉的舊宅。於是在西元一二九一年，他們離開大都踏上歸途，此時馬可波羅已經三十七歲了。

## 四、西歸之旅

馬可波羅家族三人為元朝宮廷供職十七年，不免開始思念故鄉。他們也意識到忽必烈年事已高，政權開始逐漸動搖，如果不趁早回國，沿途可能不會得到照顧。他們多次向忽必烈婉言辭呈，可是大汗十分捨不得他們，大汗怕歸途遙遠，不願他們再有生命危險，並許諾他們要什麼都可以，只要不離開就好。

西元一二八六年（至元二十三年），伊兒汗國阿魯渾汗（Arghun，即旭烈兀的繼位人）的妻子卜魯汗去世，臨終前要求她的族人繼為王妃。阿魯渾汗便派特使到元室求婚，忽必烈答應了他們的要求，挑選了闊闊真公主。歸途險峻，三名特使聽說波羅三人都是義大利人，熟悉海道，便與波羅家族商量，請他們同行，並奏請忽必烈。忽必烈雖然不情願，但也無法不許，要求波羅三人回義大利與家人團聚後，仍回中國。

西元一二九一年（至元二十八年），他們離開大都踏上歸途。取海道，從福建泉州出海，向西南行，經蘇門答臘、斯里蘭卡、馬拉巴爾海岸，直駛波斯灣的荷莫茲，自此登陸。經大不里士到特勒比尊德，由此坐船經伊斯坦堡，於西元一二九五年回到了離別二十多年的家鄉威尼斯。

馬可一行人用了三年半的時間回到故鄉。上船時共有一千餘人，最後只剩下十八人，其餘的全部失蹤或病故。

馬可返鄉時像個乞丐，穿著一件破舊的大衣，自稱是二十四年前到東方去的勇者，威尼斯人都不相信他說的，大家都以為他死了；直到他脫下外衣拉出襯裡，裡面塞滿了各種珍貴的寶石，一看就知道這些東西只能來自遙遠的東方，人們這時才相信他就是馬可波羅。

馬可回國三年後，在一場對熱那亞的戰爭中，證明了他對威尼斯的忠誠。他在海戰失敗時被俘，西元一二九八年被關在熱那亞，和他關在一起的是一個來自比薩的作家魯思蒂謙（Rustichello da Pisa）。馬可向他講述了自己在亞洲冒險的經歷，並把一些筆記交給了他，筆記裡有一些可以核對的數字。經馬可口述，小說家魯斯蒂謙記錄，《馬可波羅遊記》就此誕生。

## 五、曠世傳奇

早在西元前三世紀的戰國時代，「絲綢之國」已開始被歐洲關注，漢朝開闢的「絲綢之路」溝通了中國和西方各國人民的經濟文化交流。此後，有不少來自中西方的旅行者穿梭在這條古老的絲綢之路上，從十三世紀初到十四世紀中葉一百多年的時間裡，中西方各國冒險家、使者、旅行家「道路相望，不絕於途」。他們留下文學和著作，述說他們的所見所聞，對整個世界文明貢獻良多。

馬可波羅是十三世紀的傳奇人物，在他探索了最神祕的東方異域國度後，這位著名的旅行家留下的最寶貴的遺產，是一部膾炙人口的遊記——《馬可波羅遊記》。這部傳世著作被西方稱為「奇書」，該書有一百多章，對中國四十多座城市的自然、社會、人文和風俗進行了深入細緻的描繪。內容之豐富，情節之生動，尤其是書中敘述東方各國的奇聞逸事，在歐洲人看來就好像是天方夜譚，因此很快就傳開了。《馬可波羅遊記》為當時的歐洲人構建了一幅繁榮富饒的東方全景圖，展開了一片新的土地和國家。無疑，這本書在古代地理學史上，在亞洲歷史的研究上有很大的貢獻。

馬可波羅是世界史上第一個向歐洲介紹中國的人，當時西歐文藝復興的曙光已經開始出現，他把令人嚮往的東方文明帶到了歐洲，這有助於歐洲人衝出中世紀的黑暗。並且他的經歷引也起了歐洲人對中國的嚮往，激發了西方旅行家們對東方冒險遠航的熱情。著名的義大利航海家哥倫布從馬可波羅的遊記中大受鼓舞，立志遠航東方，結果錯把美洲當成富饒的東方，開闢了歐洲到達美洲的新航線。

馬可波羅的東遊和著作，體現了中西在中古時期的友好往來，他的傳奇經歷被後世傳頌七百多年延綿至今，並將作為歷史的見證繼續流傳下去。

# 第十五章

## 沙哈魯遣使中國：一個帝國的遠行

朗朗神州，祚傳千載；
漫漫絲路，澤遺百代。
嘆興亡於千載，論沉浮於竹帛。
長安城月，曾閱漢唐之隆盛；
戈壁灘沙，猶憶王師之偉征。
四海麟龍，潛於新域；
千古傑豪，會於故都。
……

一曲〈絲綢之路賦〉打開了人們關於絲綢之路的所有想像。

千百年來，在這條被人們稱作「絲綢之路」的大道上，行走往來的商旅、使團、傳教士、冒險家、投機者締造了這裡奪人眼目的繁華。然而，往日的繁華終究抵擋不住歷史的車輪，亙古不變的依舊是大漠中滾滾的黃沙和日復一日的長河落日。唯有那些記錄絲綢之路昔時繁榮光景的文字，碎片一樣陷落在嘈雜的往事和歷史塵埃中。

## 一、通往東方的文字

西元一四一九年（永樂十七年），一部厚重的日記打開了古老中國神祕的大門。

這位名叫火者・蓋耶速丁（Khwaja ·Ghiyasu'd-Din）的帖木兒使臣，用日記的形式詳盡記述了他所在的使團探訪明王朝的所見所聞。作為使團裡最有才能的使者，蓋耶速丁受主人吩咐，將每件值得記錄的事情都盡量詳盡、真實記載下來，從出發之日一直書寫到返回本國。歷時兩年半的出訪結束後，他將這本日記整理並命名為《沙哈魯遣使中國記》。這份紀錄曾被評論：「蓋耶速丁大師恰好寫了一部遊記，從他於帖木兒首都赫拉特出發，一直寫到返程，詳細描述了道裡、城都、古蹟、習俗、王統以及他親眼看到的所有奇蹟。」不難看出，《沙哈魯遣使中國記》對這次重要的出訪紀錄可謂詳盡全面，並有令人大開眼界之意味。

那時，帖木兒帝國是中亞、河中地區的突厥巴魯剌思貴族帖木兒，於西元一三七〇年開創的大國，首都原為撒馬爾罕，後來遷都至赫拉特（Herat）。在帖木兒帝國鼎盛時期，其疆域以中亞烏茲別克為核心，是領土從德里到大馬士革、從鹹海到波斯灣的大帝國。

大敗鄂圖曼帝國後，帖木兒準備再次開疆拓土，把目標轉向建國不久、根基未穩的明王朝，一場陰雲密布的計畫，在久遠的他鄉迅速展開。

西元一四〇四年（永樂二年）十一月，帖木兒調集二十萬騎兵，試圖以速戰速決的方式消滅明帝國，大軍浩浩蕩蕩，奮起疾進。在伊犁河附近，帖木兒得了重病，不久不治身亡，大軍止步不前。龐大的帝國內部爭權奪利，長期的戰亂與權力之爭很快使國家分崩離析。

西元一四〇九年（永樂七年），帖木兒第四子沙哈魯趁哈利勒（帖木兒之孫）被叛將拘繫之際，進軍中亞，驅逐叛將，奪取撒馬爾罕，平定內亂。從此，原帖木兒帝國所轄地區，除波斯西部、伊拉克和敘利亞以外，波斯東部和河中地區均由沙哈魯統治。他將國都南遷到赫拉特，便於控制波斯一帶，故明朝史籍稱「赫拉特國」。

沙哈魯早年在宮廷受到良好的宗教和文化教育，通曉察合台語和阿拉伯語，喜愛文學藝術，善於騎射，文武雙全，被當時和後世的史學家譽為伊朗歷史上文化修養很高的君主。他振興伊斯蘭學術，扶持文學藝術，在宮廷中招攬詩人、學者從事創作著述，興建清真寺、宗教學校、圖書館、陵墓，使伊斯蘭文化和突厥文化結合發展，首都赫拉特成為當時著名的伊斯蘭學術文化中心之一。他的妻子高哈爾．莎智謀才藝過人，是他統治的得力助手，以捐巨資建造以其命名的撒馬爾罕清真寺而著稱。在沙哈魯當政的四十餘年間，他除了統一領土和平息各地叛亂外，把主要精力投入國內建設，以恢復其父征戰時帶來的破壞，發展農業、手工業和商業，修建灌溉工程，開闢新商道，遍設驛站，重建主要城市，對於在文化領域內所謂的帖木兒文藝復興，即波斯文學和藝術的黃金時代，具有決定性意義。

## 二、一朝驚覺繁華夢

西元一三六八年（洪武元年），明朝建立，蒙古人被驅逐出中原。

雖然明王朝要求西亞的帖木兒汗國進貢，但直到一三八七年（洪武二十年）起，帖木兒汗國才開始遣使進貢，此時的帖木兒自稱是「臣」，但絕對不會奉中土為宗主。西元一三九六年（洪武二十九年），帖木兒扣押明朝在內的各國使節，開始對外宣戰。

沙哈魯改變其父敵視中原王朝的政策，同中國明朝在政治、經濟上交往頻繁。西元一四一三年（永樂十一年），沙哈魯王遣使到中國朝貢；同年明成祖派遣李達、吏部驗封司員外郎陳子魯等九人組成的使團，出使帖木兒帝國。

西元一四一九年（永樂十七年），沙哈魯派遣龐大使團訪問明朝。這次派往明朝的使團規模，遠比派往其他國家的要大得多，而赴中國的使節中除了沙哈魯王的代表，還有他的長子烏魯伯格（Ulugh Beg）、次子易卜拉欣（Ibrahim）、三子拜宋豁兒（Baysunghur）、四子蘇玉爾格特迷失、五子穆罕默德．居其為代表，如此強大陣容的外交使團，可謂前所未有。

西元一四二〇年（永樂十八年）十一月二十四日，龐大使團背負著沙哈魯賦予的重大使命，告別了雄偉壯麗的都城赫拉特，踏上東行之路。未等到進入嘉峪關，沙哈魯的使團就受到了熱烈的歡迎。沿途艱險和長途跋涉的疲憊，被眼前新世界的新奇一掃而光，肅州熱烈的氣氛使蓋耶速丁心潮澎湃，豐盛的食品更是讓使者們眼花撩亂。中原地區的宴飲文化與文明禮節可謂十分考究，「他們在那裡擺一把大臣的安樂椅，於其左右兩側還擺下了其他一些安樂椅。中國官吏於其右側就座，使節們要在其左側就座。因為在中國，左側是榮譽席，這無疑是由於心房位於左側的緣故」，蓋耶速丁如此描述道。

「那些英俊的侍從在客人中來回走動，有的人拿有酒瓶和酒杯，其他人則捧有冷拼盤、胡桃、大棗、核桃、栗子、枸櫞、蒜瓣和醋熘蔥，在我們國家根本不存在的中國特產生拌綠菜，此外還有切開的西瓜瓣和甜瓜塊，每種食物都單獨盛在冷盤中的圓盤內。」陳列在餐桌上的各色菜餚、用中國方式製作的乾果、餅和糕點琳瑯滿目，盛放菜餚的桌案和客人使用席面的規矩也頗有講究。這一切於異域的使者們是那麼新鮮，充滿了神祕的東方色彩。

在禮樂方面，使團們充分領略了中國的樂隊和雜技演員在儀仗音樂上的獨特魅力。當時的樂器種類極多，有龍鼓、畫角、大銅角、小銅角、金、鉦、龍笛、杖鼓、拍板等。《沙哈魯遣使中國記》中對明朝時期音樂的描述，從場面布局到各式樂器以及表演過程，記錄得非常詳細。這也恰恰是以外族人的視角和眼光給明代的音樂，尤其是宮廷音樂做了一次史料性補充：

「在帝王大鼓的對面，安排了一個餐廳。從中可以看到大大小小雙耳尖底瓷甕，此外還有各種尺寸的瓶子，有瓷瓶、銀瓶或金瓶。在大鼓的左右兩側站立著一些樂師。樂隊係由鍵琴、提琴、吉他、口琴、兩種笛子（普通的豎笛子和橫笛）、中國鈴鼓、簫、支在三腳架上的雙面鼓、鈸鐃、拍板和鼉鼓。樂師們爲一批舞蹈者伴奏，舞隊由濃妝豔抹和化裝成女舞蹈演員的青年雜技演員組成，他們留有女式髮型，帶有製成耳環的珍珠。」

明王朝是一個市民階級興起、城市娛樂文化勃興、資本主義工商業開始萌芽的時代，在沙哈魯使臣訪中國的行程中，作為代表市民階級趣味的雜耍，也著實讓這些客人們驚愕不已：「藝術家們演出了一場難以描述的化裝舞會。那些戴有以彩色紙板製成的各種動物狀的假面具的面部姿態，表演各種奇怪的中國舞蹈，實際上令人震驚。」

在使臣們眼裡，中國的娛樂活動在世界上獨具一格：

> 舞會中的最好節目，是一種表演得活靈活現的鶴舞。鶴是用沙和生絲製成的，但裝飾有真正的羽毛以及紅喙和紅爪。它比真鶴還大，以便使僮僕鑽入其中，並伴隨著中國樂曲的節律而翩翩起舞，恰如其分地模擬該鳥的習慣動作。全場嘩然，由於歡樂和讚賞而轟動一時。

在甘州城，沙哈魯使團見到了一座寺廟裡的大臥佛，此寺廟乃西夏時期的建築，是絲綢之路上一處重要名勝古蹟。這是一座久負盛名的佛教寺院，又是張掖的標誌性建築，它素有「塞上名剎、佛國勝境」的譽稱。這尊臥佛今天仍然安放於張掖大佛寺的大佛殿裡，是現存中國最大的臥佛。臥佛安睡在大殿正中一百二十公分高的佛壇之上，身高三百四十五公分，肩寬七百五十公分，耳長四百公分，腳長五百二十公分，中指就能平躺一個人，耳朵能容九個人並排而坐。臥佛金裝彩繪，形態逼真，視之若醒，呼之欲寐。臥佛令眾人張目結舌，驚嘆不已。

「九曲黃河萬里沙，浪淘風簸自天涯。」黃河是中國北部大河，全長約五千四百六十四公里，流域面積約七十五萬二千四百四十三平方公里。唐朝時，日本和尚圓仁也提到黃河的舟橋：「……渡黃河，浮船造橋，闊二百步許。」當蓋耶速丁第一次面對黃河時，不禁發出這樣的感慨：「如阿姆河一樣寬闊。」然而對黃河彼岸的美城（據認為是蘭州）卻顯得有種一筆帶過的感覺：「中國的少女在一般情況下均非常美貌，但美城的姑娘卻最負美名之列，其諢名『美人城』即由此而來。」

每當他們抵達一個城市時，使臣及其隨從都被以宴席款待，越是接近燕京，禮節就越是隆重。「每一天，都充足獲得第一天規定的食物供應。此外，幾次都被款待以公宴，受到很大的尊敬。每次設宴時，演員都表演和前幾次宴席上很不相同的藝術，禮節比以前隆重。」一路的盛情款待，令使團對天朝燕京的嚮往更加強烈。在他們的遙想中燕京應該是一座很雄偉壯麗的城市，建築格局宏大、街市交錯相間，商業文化極度繁榮昌盛。

明朝宮廷的司禮官在宴會上負責敬酒並獻花，使沙哈魯使團受到很大的尊敬。在燕京城中，皇帝為穆斯林們建造了一座清真寺，使臣們和在該城中的穆斯林團體到清真寺，逢宰牲節去那裡做禮拜，使臣們受到很大的禮遇。

中國的殯葬文化，是在社會發展過程中形成並沉澱下來的，集中了人們對死亡的認識、生存價值的思考。沙哈魯使團的東訪也見證了中國殯葬文化的嚴肅與莊重：「在喪葬中，他們準備了大量用繪圖彩紙製成的旗和杖。他們用木板打一副長十英尺的棺材，飾有人物、馬和高大駱駝的像。這些馬和駝都色彩各異，掛著毛髮，備有雕鞍、籠頭等。」這些都令使團們大開眼界，更加全面了解中國的傳統文化。

## 三、一次文化的碰撞與交流

西元一四二一年（永樂十九年）五月，沙哈魯使團離開北京回到赫拉特，前後歷時兩年零十個月，這次規模空前的出訪終於告一段落。沙哈魯使團訪問中國，架起了中國與周邊國家和睦相處的一座橋梁，把有關中亞、河中的燦爛文明帶到了中國，又將他們在中國所經歷的一切鮮活、神祕的文明火種引到了中亞。

《沙哈魯遣使中國記》一書中所勾勒出的中國形象，在中亞、河中地區引起了巨大的反響。沙哈魯使團透過了解中國的歷史、政治、哲學、道德等，從而在較高的精神文化層面上認識獨具特色的中國東方文明。沙哈魯之所以能開創一個帖木兒文藝復興時代，即波斯文學和藝術的黃金時代，這和赫拉特國統治者開放包容、兼容並蓄的博大情懷與胸襟，以及全國上下樂於學習、敢於冒險的良好精神風貌有著很密切的關係。與此同時，朱棣統治下的明王朝也拿出了東方文明古國的大國氣象與胸懷，海納百川，友好接待各方使臣，開闢海上絲綢之路，廣泛傳播中華先進文明。

雄關漫道，萬水千山，詩人王維曾留下「勸君更盡一杯酒，西出陽關無故人」的喟嘆。在歷史前行的車輪中，總有一些人的目光更深邃一點，他們的腳步也更堅定，他們肩負著傳播本民族文明成果的責任，不畏路途的艱險，在異國他鄉播撒文明的火種。任歲月變遷，終究不會被歷史忘記。

# 第十六章
# 李希霍芬：最初的命名

「一名世界性精神遊走的旅行者，一名讓中國人民肅然起敬的地質專家，一名和時間對話、和靈魂對話、和永恆對話的學者，一名為中國「開天闢地」之行命名的墨客，也是一名曾被魯迅稱為「日後中國淪陷之天使」的德國人，這位有著多重身分、飽受爭議的人，便是李希霍芬。」

## 一、一條發光的金絲帶

費迪南・馮・李希霍芬（Ferdinand von Richthofen），於一八六八年九月到中國進行地理考察，直至一八七二年五月，將近四年，他走遍了大半個中國（十四個省區）。四年間，他以上海為大本營，前後七次考察中國地理、地質，其發表在《北華捷報》上的文章結集出版，名為《李希霍芬男爵書信集》，書信集中了大量的經濟、地質、文化等資訊，對在上海的西方冒險家有很大吸引力。回國之後，從一八七七年開始，他先後發表了五卷附圖的《中國——親身旅行的成果和以之為根據的研究》。這套巨著是他四年考察的實際資料研究的結晶，對當時及以後的地理學界都有重要的影響。他不僅為中國地理、地質研究奠定基礎，更重要的是他將張騫出使西域途經的長安、河西走廊、今新疆地區、西亞、歐洲一路命名為「絲綢之路」。

勤勞智慧的古人，早在五六千年前的新石器時代中期，就開始養蠶取絲。絲綢在中國不僅是高貴的衣料，更是一件飽含漢民族文化價值內涵的藝術品。隨著中央集權國家的建立，從秦漢開始，大大小小的戰爭和頻繁的對外交流活動，使中原和邊疆、中國和東西鄰邦的經濟、文化交流空前活躍。西漢鼎盛時期，匈奴屢犯邊境，漢武帝決定聯絡被匈奴打敗西遷中亞的大月氏，共同抵抗匈奴，派張騫使團出使西域，歷時十餘年，張騫先後到達大宛、康居、大月氏，雖然沒有完成結盟使命，卻對西域各國做了大量的調查研究。西元前一一九年，張騫第二次出使西域，主要是結盟烏孫，聯絡西夏，共抗匈奴。此次出使，張騫率領三百多名壯士，帶著大量絲綢織物，從長安出發，經隴西、張掖、酒泉、敦煌、龜茲等地，順利到達烏孫。一路訪問了西域的許多國家，並將漢朝的絲綢文化傳入西域各國，之後西域各國也派使者訪問長安。

絲綢的貿易達到空前繁榮的地步，隨之，外來工藝、宗教、風俗等也隨商傳入中國。貿易推動了一條在漫漫黃沙中熠熠生輝的道路，即著名的「絲綢之路」——這條路從長安出發，一路向西途經甘肅、新疆，穿過中亞、西亞，最後抵達歐洲。在駝隊經過的國家中，絲綢正如同樣產於中國的瓷器一樣，成為當時東亞強國的文明象徵。希臘、羅馬人稱中國為「賽里斯國（拉丁文：Serica）」，稱中國人為「賽里斯人」，所謂「賽里斯」即「絲綢」之意。

李希霍芬在中國的甘肅省和新疆維吾爾族自治區考察時，看到從東面來的商隊，便想這是否就是古代運送絲織品的通道。李希霍芬第一次使用「絲綢之路」，來形容張騫出使中國西部往中亞、歐洲的貿易路線。古絲綢之路，指起始於古代中國，連接亞洲、非洲和歐洲的古代路上商業貿易路線。從運輸方式上分為陸上絲綢之路和海上絲綢之路。這裡重點講到的便是李希霍芬所指的「從西元前一一四年到一二七年，中國於河間地區以及中國與印度之間，以絲綢貿易為媒介的這條西域交通路線」，也是當年（西元前一一九～前一三九年）張騫出使西域的路線。從此，「絲綢之路」的稱謂得到世界的承認，廣為使用至今，而現在絲路便被泛指古代連接東、西方兩地的貿易、經濟及文化交流之路。

## 二、一路向西的旅行家

絲綢之路是一條充滿幻象的道路，也是一條神祕莫測、不可預知的道路。從古至今，中國在西北採取的戰略是：割斷青藏高原和蒙古少數民族的聯合，要達到這個目的，就必須要打開河西走廊；而要確保河西走廊暢通，就不能放棄西域，這就是絲綢之路所肩負的政治使命。

飄來悠遠駝鈴和肅殺胡琴聲的中亞、西亞和歐洲，又有著怎樣不為人們所知的故事？這條「前無古人」的拓疆融合共同發展之路，又為何由德國人李希霍芬來命名？若想從漫漫長路中望盡絲綢之路的歷史和未來，便需了解李希霍芬，了解絲綢之路。

一八六八年到一八七二年，來自德國的地質學家李希霍芬以上海為基地，考察了大清帝國十八個行省中的十三個省份的地理、地質，足跡遍及廣東、江西、湖南、浙江、直隸、山西、山東、陝西、甘肅南部、四川、內蒙古諸省區，「踏查之普遍，著述之精深博大」，令人驚嘆。其中，李希霍芬也曾在考察中國地理地貌環境時路過山西，富饒的山水，美麗的都城畫卷讓這位來自德國的地質學家驚嘆不已。他在《中國地質略論》一書中獨闢章節〈世界第一石炭國〉：「世界第一石炭國！吾以之自喜，吾以之自慰。然有一奇現象焉，即與吾前言反對者，曰『中國將以石炭亡』是也。」他對中國地質勘察之深入、精細讓人望而生畏。也正是這個讓他印象深刻的國家，才讓他四年內不畏艱辛，一路向西。

一八七一年九月至一八七二年五月，李希霍芬對中國進行了第七次考察，這是他考察時間最長的一次。從上海出發至北京，後經直隸宣化至張家界、山西大同、五台山、太原，輾轉至陝西西安。陝西屬於西北內陸腹地，位於黃河中游，背靠秦嶺環淮河，處於秦嶺淮河分界線以南，渭河谷地，關中平原，水量豐沛，氣候濕潤。西安這個美麗富饒的都城深深吸引了李希霍芬，李希霍芬對其進行了大量人文環境的研究。此後，李希霍芬經過四川、劍閣到達綿州、成都，三月轉赴嘉定府（今樂山），這也是李希霍芬在中國的最後一次遊歷考察。

作為地質學家的李希霍芬，不僅僅對地質學界有著巨大的貢獻，也對商業、交通、軍事等方面有一定的研究。從歷史角度解讀，李希霍芬是一個入侵者，帶著殖民入侵的身分，他為德國在中國的殖民掠奪和占領勢力範圍蒐集了大量情報；從學術角度解讀，李希霍芬在地質學說研究領域以及中國的地理地貌研究方面，具有奠基性與開創性；從歷史角度解讀，他將清政府時期的人文環境及地理寫成書信，並將中國的古代通商之路命名為「絲綢之路」。

李希霍芬的第五次考察途經甘肅省南部。甘肅屬於黃土高原，放眼望去，無邊無際的由厚實黃土和稀疏的植被構成的地理景觀，讓李希霍芬震驚。對黃土的成因和黃土堆積古氣候意義的研究，最為卓著的便是李希霍芬。在《中國——親身旅行的成果和以之為根據的研究》中記載了德國學者迪特爾·傑克（Dieter J'akel）關於介紹李希霍芬對地學貢獻的文章，使讀者能更清晰了解當時李希霍芬的研究工作。

李希霍芬是黃土風力堆積學說的奠基人，透過搬運黃土的風力系統與全球氣候之間建立緊密聯繫，在《中國——親身旅行的成果和以之為根據的研究》的第一卷中，拓荒性提出了中國黃土由風搬運而來的觀點。他根據自己多年來在中亞的野外考察經歷，進一步闡述了黃土物質的堆積過程及其形成的氣候條件，提出構成黃土的物質主要由風從乾旱區吹來，而在堆積區則由於植被的固定得以保存，在坡度較陡的地方，堆積的粉塵會遭受後期的雨水沖刷，但在地勢平坦的地方則會加積成厚層黃土。

不過，根據後人的研究認為，中國的黃土儘管在空間與戈壁沙漠聯繫密切，但戈壁沙漠僅是黃土級物質的儲存地，或稱「轉運站」，中國的黃土級物質的產生，最終是與冰河侵蝕作用關係最大。儘管如此，李希霍芬的黃土風力堆積學說，還是為後人的研究打下基礎。

## 三、西北的歷歷萬鄉

甘肅是通往西域的咽喉路段，這裡有直插雲天的皚皚雪峰，有一望無垠的遼闊草原，有莽莽漠漠的戈壁瀚海，有鬱鬱蔥蔥的次生森林，有神奇碧綠的湖泊佳泉，有江南風韻的自然風光，也有西北特有的名花瑞果。李希霍芬在中國多達七次的遊歷中，不僅對走過的省市地區的地理地貌勘探和研究，更對中國的文化信仰、人文生活深入考究。

金戈鐵馬古戰場的西北邊陲，古絲綢之路交通要衝的河西走廊，裕固族異域風情的肅南，「張國臂掖，以通西域」的張掖，邊塞咽喉戰場鑰匙的玉門，佛教東傳門戶敦煌，以及不同傳說、不同地貌、不同風情、不同社會背景的各西北地區，李希霍芬都作了大量的實地考察。甘肅獨特稀有的魅力風光，讓李希霍芬心生讚歎，讓他決心在此考察地理，了解甘肅的人文背景和宗教信仰。

李希霍芬的考察先從甘南進行，甘南有著中國傳統少數民族裕固族，裕固族自稱「堯呼爾」。在這裡李希霍芬還領略到了裕固族人的造型藝術，編製的各種口袋、毯子、馬韁繩等，人們在上面織出各種花紋、圖案，結構和色彩獨具特色。裕固族居住區地處河西走廊中部祁連山北麓的狹長地帶，草原遼闊，草質優良，是從事畜牧業的天然牧場。蔽天蓋日的原始森林，生長著許多珍貴的野生植物。在祁連山中還蘊藏著豐富的礦藏，在肅南的康樂鄉，他也同樣發現了大量的煤、銅、鐵、玉石、石灰石等。其中，裕固族生產的玉石最為著名，但從李希霍芬對山西煤炭的探查便可發現，他對中國的煤炭資源的「狂熱追捧」，使他忽略了這裡最為著名的玉石。

王昌齡在〈從軍行〉中寫道：「青海長雲暗雪山，孤城遙望玉門關。黃沙百戰穿金甲，不破樓蘭終不還。」此處的「玉門關」便是指漢代玉門關遺蹟，它是一座四方形小城堡，無數文人墨客在這裡寫下了名垂青史的動人篇章。當李希霍芬來到這裡時，昔日的「塞垣咽喉、表裡藩維」早已繁華落幕、光彩不再，只剩下長城烽燧周圍的房屋遺蹟了。在玉門，李希霍芬發現了煤炭，卻忽略了石油。如今，玉門以其獨特的地理文化名揚中外，以其豐富的石油資源聞名遐邇。面對地勢各異、環境迥然的中國各地，來自中歐平原國家的李希霍芬，對這片土地產生了極大的興趣。如此之多的礦產，如此多樣化的地理環境，如此繁雜的民族特色，怎能不讓他以及更多外來人覬覦中國山河的美麗？

在漢代長城邊陲玉門關、陽關的所在地，還有一處令世界震撼的中國象徵——敦煌。「敦，大也；煌，盛也。」敦煌位於絲綢之路上，以「敦煌石窟」與「敦煌壁畫」聞名天下。李希霍芬在敦煌並未發現敦煌的綠洲之說，而且敦煌的綠洲在歷史上隱隱約約，史書上的記載也是閃爍其詞，在李希霍芬的實際地理考察中，也沒有發掘出有價值的可以證明這裡曾經青山綠水的證據。在敦煌莫高窟藏經洞被發現之前，敦煌的名氣遠遠遜於它附近的兩處關隘——陽關和玉門關。

李希霍芬的征程，帶來了無數後人的瞻仰和敬畏，他本質侵略的背後，無意間將中國西北的門戶在荒蕪之後再次打開。李希霍芬建議掠奪中國的礦產，占領中國的土地，搶奪中國的文物，他是外來侵略者，但是在四年的遊歷考察中他更加清楚地認識到，殖民意識只能綁架中國人民的肉體和外界環境，卻禁錮不了中國人民的精神和靈魂，泱泱大國的浩蕩歷史，又豈是一位地質學家的四年遊歷便可領略？但我們卻不可否認他的貢獻。客觀來看，這是一位優秀的地質學家，他的研究成果和學說，為中國的地質研究作出了奠基性的貢獻。

乘坐歷史搖搖晃晃的飛毯，在靜默與蒼涼的深情一瞥中，依稀還能看見西北風吹來莽莽黃沙，黃沙中夾裹著悠遠的駝鈴。李希霍芬曾走過匈奴和漢朝的戰爭，走過釋迦牟尼佛的誦經聲，走過成吉思汗的衣冠塚，走過歲月洗禮的絲綢之路，如今依舊在那裡，凝望和丈量著西北的歷歷萬鄉。

# 第十七章

## 斯文·赫定：遠道而來的不速之客

「站在高處的沙山上，我們用望遠鏡眺望著東方，茫茫無際的沙漠中，看不到任何生命痕跡，連草都沒有，我們的駱駝都已瘦弱至極，願上帝保佑我們！」

當斯文·赫定在日記中寫下自己的困頓時，日子早已在他的生活中寫滿滄桑。

一八六五年的一天，在瑞典首都斯德哥爾摩的一個中產階級家庭，一個普通的嬰兒呱呱墜地。當時人們並不曾想到，這個名叫斯文·赫定的孩子，會與遠在東方神祕而古老的國家——中國，結下不解之緣。更令人不曾想到的是，他遠赴東方，在茫茫沙海中打開了樓蘭古城塵封已久的大門。多年之後，時間帶走所有的喧嘩和紛爭，而存留於歷史深處的記憶蒼茫而久遠。

## 一、和中國「結婚」

在十九世紀這個狂飆突進、探險與掠奪的時代裡，斯文．赫定注定要寫下濃重的一筆。十二歲的斯文．赫定，並不像和他同齡的孩子一樣崇拜電影明星或者當紅歌手，他的偶像是英國探險家李文斯頓（David Livingstone）。小小年紀的他，就被探險類書籍中對未知世界探索的狂熱之情所鼓舞，他幻想著有一天能像這些探險家一樣，填補當時世界地圖上的一些空白，為了這宏偉的理想，哪怕失去生命也在所不惜。

當一八八〇年，溫暖而又潮濕的春風徐徐吹過大地的時候，整個斯德哥爾摩因探險家諾登舍爾德（瑞典語：Nils Adolf Erik Nordenskiöld）的威加號海船（Vega）回國而沸騰。人們傾巢出動，在港口舉行盛大的歡迎儀式，共慶這次開闢北冰洋航線的偉大盛舉，偌大的港口頓時人聲鼎沸。如果說人的一生必定要有一個難忘的時刻，也許這正是斯文．赫定最難忘的時刻。跟父母前去觀禮的他，被這種場面所震驚，從此一個少年心中燃燒起一團火焰——將來我也要這樣凱旋。

年少時的夢想往往是最脆弱的，但也許也是最寶貴的。未知對於一個老人而言，或許是恐懼的源頭；而對於一個少年而言，更多的是好奇與探索的渴望。對斯文．赫定而言，探險猶如童話一般，在一個少年心中開始慢慢生根、發芽。而諾登舍爾德歸來所帶來的榮譽感，使年少的赫定更加堅定了自己的信念。一個成功者不僅需要自身的努力，也需要命運女神的垂青。年少的赫定是幸運的，和航海英雄諾登舍爾德的相識與交往，無疑為赫定探險提供了寶貴的經驗。

年少時人們總是愛追隨著偶像的步伐，斯文．赫定也不例外，當時的他並沒有對遙遠而古老的中國產生濃厚的興趣。他熱愛探險，除此之外，他並沒有一個遠大而長遠的目標。一八八五年，二十歲的斯文．赫定剛中學畢業，校長介紹他前往亞塞拜然的石油城巴庫，在一位煉油廠的工程師桑格林家裡執教，途中他迷戀上了中亞。從中亞回國之後，斯文．赫定才認識到在遙遠的東方，有一個人們尚未發現的「未知世界」，從此神祕的中國便在他的心中埋下了一顆種子。為了在探險事業上有一番作為，他先後進入了烏普薩拉大學和斯德哥爾摩大學學習地理，後經偶像諾登舍爾德的推薦來到了柏林大學，跟隨歐洲第一位亞洲地理學家李希霍芬學習。李希霍芬因提出「絲綢之路」的概念而聞名於世，正是透過這段時間的學習，成為一個探險家的夢想，鼓舞著赫定走出了他邁向中國的第一步。

一八九〇年，赫定在這一年最寒冷的季節來到中國疏勒（今喀什），他在此駐留了半個月時間。從一八九五年起，他便開始在塔里木、塔克拉瑪干沙漠之間穿梭。一八九六年，斯文．赫定進入塔克拉瑪干沙漠深處，來到了古城丹丹烏里克，古老中國神祕的面紗被一點一點揭開。第一次來到中國邊疆地區，赫定便覺得觸摸到了絲綢之路的脈搏，聽到了它古老而沉重的呼吸。此後他便被廣袤的亞洲腹地所吸引，絲綢之路就像他自己所說的：「我已和中國結婚。」

## 二、九死一生穿沙海

很多英雄的成功，似乎都是從他們最初的失敗開始。一八九三年十月，帶著從瑞典國王和富商們捐助的資金，斯文．赫定重新上路了，他抵達了有「冰山之父」之稱的慕士塔格峰。儘管不斷遭遇挫折，但失敗的陰影並沒有淹沒這位鬥士強大的內心，他有了另一個近乎瘋狂的計畫：橫穿被人們稱為「死亡之海」的塔克拉瑪干沙漠。

在古老的東方似乎存在很多這樣的傳說：在沙漠的中心，有一座荒廢已久的古城；在古城的殘垣斷壁之下，埋藏著無數的金銀珠寶。如果貪婪者想將這些珠寶帶走，那麼他們就會受到妖怪的迷惑，怎麼也走不出這片沙海，死亡會慢慢籠罩他們，直到他們精疲力盡，悄然死去。只有心無雜念者才會受到上天的眷顧，擺脫那片茫茫黃沙的死亡之海。

赫定沒有被恐怖的傳說嚇退，他被傳說中古代綠洲城市的遺址所深深吸引，沙漠的神祕或許可以滿足他年少時那種對於未知的渴望。而作為考古學家的榮譽感也在時時鞭策他。據史書記載，只有東晉的和尚法顯，為了去印度求取真經，冒著生命危險從焉耆附近向西南，穿越了塔克拉瑪干沙漠。自西向東穿越死亡之海，榮耀是無可比擬的，赫定下定決心犧牲一切，也要穿過這片死亡之海。

踏上這段死亡之旅之前，赫定在他們所路經的最後一個補給站——麥蓋提村做好了最後的準備。一個清冷的早晨，赫定懷揣著他的理想與信念出發了。村中的村民齊聚在小鎮的路旁，臉上帶著只有出殯時才會有的神色，凝望著這支隊伍。

最初的旅途並沒有想像中的那般艱辛，路邊還能看見稀疏的草木，路途中的湖泊就像是在夜幕中閃亮的繁星，在這樣的條件下獲取水源也並非難事。而在途中宰一隻羊，來一頓美味的野外燒烤，欣賞沙漠獨有的壯麗景色，倒成為一件十分愜意的事情。

常言道好花不常開，好景不常在，路途中稀疏的草木和湖泊慢慢消失了，剩下的只有一望無盡的沙丘。所有的一切被籠罩在沙海之中，死神輕輕掀開他的斗篷，露出了猙獰的笑容。天有不測風雲，由於嚮導的錯誤，赫定的隊伍在飲用水用完之後，並沒有如期到達目的地。他們被困在這死亡的沙海之中，駱駝一匹匹倒下，隊伍中的人們開始緊張，因為他們隨時面臨著死亡的威脅。在喝動物血、駱駝尿液數天的掙扎之後，他們發現了行進的前方出現了腳印。就在以為離目的地不遠的時候，上天再次無情地捉弄了他們：原來這些腳印是他們自己留下的。

當絕望籠罩這支隊伍的時候，赫定突然聽見了一隻水鳥拍打翅膀的聲音。順著這聲音，斯文．赫定發現了一個小水池。而正是因為這隻水鳥猶如天使一樣的翅膀和小水池，救活了整個團隊。經歷了無數磨難之後，斯文．赫定終於成功橫越了塔克拉瑪干沙漠。

## 三、發現樓蘭

春天的塔里木河水流緩慢而寧靜，下游的窪地裡還長著幾株怪柳，樓蘭古城四周的牆垣多處已經坍塌，只有幾座房屋的廢墟和牆垣孤獨立在那裡。樓蘭遺蹟曾經的燦爛與繁華，到如今顯得特別蒼涼。

關於樓蘭的文字最早見於《史記》，「樓蘭、姑師邑有城郭，鹽澤」，「出玉，多茵葦、怪柳、胡楊、白草，民隨畜牧逐水草，有驢馬、橐駝」。據記載，早在二世紀之前，樓蘭就是一座著名的城邦之國，是連接古代「絲綢之路」南北兩道的分水嶺。樓蘭屬西域三十六國之一，與敦煌相鄰。漢時的樓蘭，介於漢朝和匈奴兩大勢力之間，有時依附於漢，有時為匈奴的耳目，艱難維持著政權。由於其是漢朝與西域各國唯一的交通要衝，匈奴和漢朝都不能踰越樓蘭打敗敵國，樓蘭得以生存，成為往來的樞紐，經濟盛極一時。漢武帝派遣使者張騫出使大月氏，締結友好失敗，此後派大軍討伐，又多次派使者出使西域，使者通過樓蘭時，由於不堪重負，招致殺戮，最終漢武帝決定討伐樓蘭。樓蘭向漢及匈奴同時送去王子作為人質，並嚴守中立，此後樓蘭王通匈奴，漢武帝決定再次討伐樓蘭，周而復始，夾雜在漢與匈奴之間的樓蘭戰爭從未間斷。

東晉後，中原割據，群雄混戰，無暇顧及西域，樓蘭逐漸與中原失去聯繫。直到唐朝，國家統一，中原與吐蕃又在樓蘭兵戎相見。據李白〈塞下雪〉：「五月天山雪，無花只有寒。笛聲聞折柳，春色未曾看。曉戰隨金鼓，宵眠抱玉鞍。願將腰下劍，直為斬樓蘭。」可見樓蘭在唐朝還是重鎮。

一九〇一年的春天，樓蘭古城終被斯文．赫定發現，在《絲綢之路》一書中，赫定寫道：「我們現在看到的，是這條絲綢之路最蕭條的場景：見不到一點生機，商業已是奄奄一息，一路上的村鎮，除了廢墟還是廢墟，在一貧如洗和朝不保夕的慘景中，人口越來越少。」只有透過想像，我們才能看到過去那一幅幅豐富多彩、輝煌繁盛的畫面，那川流不息的商隊和旅行者，為抵達一個新的綠洲而雀躍歡騰的景象。這廣袤無垠的大地如同大海一般，使人就像著了魔一樣迷戀它。斯文·赫定在樓蘭古城遺址中發掘出各種古文物，如兵器、裝飾品、日用品，還有大量圖案絢麗的絲織品和古代錢幣，尤其重要的是發現了大量漢書文書、竹簡和木牘，因文書中有「樓蘭」字樣，故定此遺址為樓蘭古國城都——樓蘭城。

生活往往存在各種巧合，對於赫定來說，探險是艱辛的，而他又是非常幸運，樓蘭古城的發掘，便要從一把鏟子講起。由於這把猶如阿拉丁神燈的鏟子，才使樓蘭古城浮現在人們的視野當中。一八九九年，赫定曾來到中國羅布泊和西藏地區探險。為了尋找水源，他來到了一處有活楊樹的地方，準備掘井的時候，卻發現唯一的鏟子或許丟失在上一個遺址當中，便命隨行的奧爾德克回去尋找。經過漫長的等待，奧爾德克不僅帶回之前遺失的鏟子，還帶回來了一些古錢和精美的木雕。聽完奧爾德克的敘述，赫定憑一個探險家的直覺，馬上認為之前挖過的遺址周邊，還存在另一個遺址。但塔克拉瑪干沙漠的遭遇使赫定心有餘悸，他不得不離開這片地方繼續前行。一九〇一年，他再次回到了這個令他心繫已久的遺址，出乎意料而又令人欣喜的是，這片遺址就是漢代大名鼎鼎的西域古國樓蘭。

這幾次探險，成為後世揭開古樓蘭神祕面紗的契機。至於樓蘭失落的原因，有人說是毀於戰爭，有人說毀於瘟疫，多數人傾向於缺水說。據《水經注》記載，東漢以後塔里木河改道，導致樓蘭缺水。敦煌的索勒率兵來到樓蘭，不分晝夜引水進入樓蘭，緩解了缺水困境，但此之後，儘管不斷努力和嘗試，由於缺水，最終樓蘭人不得不離開這座城市，黃沙終於將它一點點湮沒，樓蘭消失於歷史的塵埃裡。

## 四、汽車考察團

絲綢之路曾是連接歐亞最古老的紐帶，也是穿越歐亞大陸最長的道路。曾經以貿易商業的繁榮而文明世界，各民族因為通商的需求在這裡交融，各種知識、宗教、文化、科學也在這片廣袤的土地上瘋狂生長、傳播。而如今這條古老的「世界之路」因為各種原因破敗不堪。乾枯的河床、破敗的城市、荒涼的廢墟、貧窮的人們隨處可見。如何振興這條古老的絲綢之路，成為了令眾人十分頭痛的問題；而作為絲綢之路上的探險家的赫定，更有一種強烈的使命感，那就是揭開它神祕的面紗，還原這條「世界之路」往日的輝煌與榮耀。

一九二七年，赫定結束了他獨行俠式的探險方式，與中國學者合作組成了一個龐大的「西北科學考察團」，從北京出發前往新疆進行科學探索。這個「西北考察團」可謂人才濟濟，集合了多名中、歐著名學者。對絲綢之路多方面的考察研究，讓這條沉睡了千年的古道，從酣睡中甦醒，完整進入了世人的視野。看著那三百多隻駱駝組成的駝隊緩緩西行，聽著那悠揚而清脆的駝鈴聲，此情此景又將赫定帶回了那千年前的夢境。

在結束了一系列的考察活動之後，考察團發現：塔里木河經過了兩千多年的改道，現在又回到了原有的舊河道中。但那個令人們魂牽夢繞的問題，再次盤據在他們腦海中，即如何使這條沉睡千年的古道恢復往昔的榮耀。一九三三年，赫定提出修建一條通往新疆的公路和鋪設一條亞腹地區鐵路的想法，與當時中國政府的想法一拍即合。很快，中國鐵道部便聘請了赫定組織一個考察團，而這次赫定並沒有選擇原始的駱駝作為主要的交通工具，而是向福特汽車公司提議，讓他們為考察團提供幾輛轎車與卡車。古老的絲綢之路上奔馳著現代化的交通工具，這個念頭也深深吸引了福特公司，再加上斯文．赫定的個人魅力，福特公司的創始人亨利．福特欣然接受了這個請求。

在赫定的努力下，一輛轎車和四輛卡車所組成的車隊，奔馳在古老的絲綢之路上，斯文．赫定為古老的絲綢之路帶來了現代文明的生機。但斯文．赫定進入新疆之時，又遭受了戰爭之苦：回族軍閥馬仲英與奉系軍閥盛世才的戰爭白熱化，赫定被馬仲英逮捕監禁，而用來科考的汽車也被沒收，直到一九三四年馬仲英敗逃，赫定才被釋放。但這一切都沒有阻止赫定在絲綢之路上前進的腳步。最終中國政府根據考察團的報告，在這條古老的絲綢之路的基礎上，修建了一條現代化的蘭新公路。

旅途是艱辛與坎坷的，在結束艱難困苦的旅程後，回憶總令人懷念。絲路上的商隊緩緩行進在古道上，白楊掩映著細長的木橋，以及那若隱若現在塵土與寒霧之中的一座座古代烽燧。儘管行路之難，伴隨著探險生涯的苦與樂，赫定依然堅定，將大半個人生揮灑在中國西域。從少年到老年，斯文．赫定的足跡始終未離開過這條讓他魂牽夢縈的絲綢之路，一個西域騎士的身影，已融入這條古老的「世界通道」裡。

# 第十八章

# 伯希和在中國：斯夜風雨如注

大批雕塑和木刻殘片、幾種奇形怪狀的陶器都被集中起來。在我們逗留的最末，我們又發現了一個像泥塑淺浮雕陳列館的地方，這些泥塑已嚴重殘損，變得堅硬且易碎，但其裝飾的宏大氣派，仍然給人一種強烈的印象。這些古文物，被盡可能保存下來並被帶走，將在羅浮宮展出……

一九〇九年十二月十二日，在巴黎大學的階梯教室裡，伯希和響亮的發言如一聲聲沉重的嘆息，落在秋日蒼茫的絲綢古道上，歷史回眸，滿目創痛。

一九〇〇年八月十四日，深秋的北方蜷縮在一陣陣驚愕的雷聲中，斯夜，注定風雨陣陣。

一九〇〇年秋，整個北京城街道上都是梳著長辮子的男人和女人，熙熙攘攘，汗水和驚恐不時地湧上額頭。不遠處，幾個「扶清滅洋」的旗子急速駛過。突然，轟隆隆的巨響伴隨著一排排鐵騎聲而來，不同面貌特徵的一列列士兵裝備精良，高舉著不同顏色、上面寫著「英、法、德、美、日、俄、義、奧」的旗幟，駛進了北京這座古老的帝都……

## 一、初出茅廬

隨著八國聯合軍隊的侵華，清朝以慈禧太后為首的統治者，被迫簽訂了聞名中外的《辛丑條約》，各國競相掀起瓜分中國的狂潮，中國一步步陷入了半殖民地的深淵。西方各帝國順勢堂而皇之獲得了進入中國內地的許可，其中就有法國。此時，對中國文化資源的侵略，也達到了前所未有的地步。

絲綢之路上的中國，已經是西方探險家嚮往的聖地，鉤心鬥角的西域探險戰爭也由此展開。這些皆緣自十九世紀末，在羅馬召開的一次東方學家代表大會，在此次大會上第一次成立了「西域遠東歷史、考古、民族語言國際考察委員會」（以下簡稱西域國際考察委員會），這是侵略者們約定俗成、變相侵略他國的慣用手法。

一名不起眼的二十一歲年輕人，剛從服完兵役的部隊裡嶄露頭角。他皮膚白皙，鬍鬚細密，十分有精神，憑藉在亞洲文化研究方面的學識和漢語學歷，獲得了西域國際考察委員會法國委員會主席埃米爾·賽納爾（法語：Émile Charles Marie Senart）的青睞。第二年春，他被派遣到中國直隸大都北京蒐羅古書，就這樣順利進入了中國，進行文物古蹟的探險活動。他就是繼斯文·赫定、克萊門茲（D.A. Klementz）、斯坦因探險家之後，進入中國的法國探險家——保羅·伯希和（法語：Paul Eugène Pelliot）。

這一年伯希和二十二歲，正值八國聯軍侵華的前夕。

隨後幾年，他在法蘭西遠東學院學習和工作，不是整理收購中國資料，就是在越南河內進行亞洲文化研究。這幾年是他進步和提升最快的時期，就在這一時期，一項重要的使命落在他的肩上。一九〇四年，西域國際考察委員會下屬的法國委員會主席埃米爾·賽納爾，對其他帝國瓜分中國文物的行徑深感不滿，深知法國在國際資源爭奪戰中已落後於其他西方國家，於是專門組建了法蘭西中亞考察隊，將目標指向中國，保羅·伯希和自然而然成為考察隊中的最佳人選。

## 二、在亞洲高地

伯希和出發了，亞洲高地一片蒼茫。前往中亞，尤其是古老神祕的中國，是伯希和內心的嚮往。亞洲，伯希和並不陌生，但對於中國他一無所知，他只是在書本中間接了解了一些關於東方的神祕歷史和風俗文化。

他不知道此去經年是何種蹉跎歲月，更不知道命繫何處。他雖了解之前有許多客死在中亞和中國西部大沙漠的其他國家探險隊員，但是當他親眼看到亨利王子（Prince Henri of Orléans）客死在西貢醫院（越南）時候，他知道這位具有傳奇色彩且新加入他們組織的象徵性人物，是為了這項光榮任務而犧牲，一種莫名的動力湧上了伯希和等人的心頭。為了心中的信念和理想，為了報答塞納爾先生的恩遇，伯希和出發了。一同出發的還有路易．瓦楊軍醫，他是殖民地軍隊有名的測繪學和天文學博士。此外，還有負責圖片收集的夏爾．努埃特（Charles Nouette），還有其他一些地理天文、自然測量、數據研究和歷史考古等方面的專家學者。

西元一九〇六年六月十五日，伯希和等一行人離開巴黎，踏上了遙遠的中亞和東亞探險之旅。幾天之後，伯希和團隊經莫斯科，到達了俄國土耳其斯坦首府塔什干。在這裡他稍事休息，學習了一些基本的土耳其語，目的是為進軍中國新疆掃除語言障礙。兩個月後的一天，伯希和帶領一支馬駝隊，經過了一個叫做塔爾德克（Taldyq Dawan）的地方，這裡海拔足有四千公尺。許多隊員開始有不適的感覺，但是他們的腳步依然沒有停止。駝隊跟著考察隊員一步步艱難攀上四千公尺左右的高原，他們似乎已經看到前方有著一大片肥沃的草原等著他們的到來。

皇天不負苦心人，不久他們就來到了新疆北麓的阿爾泰山腳下。這裡風光無限好，但馬駝隊並沒有過多停留，伯希和心裡焦急嚮往著中國的新疆。在翻越了帕米爾雪山到達以北的伊爾凱什坦時，伯希和長舒了一口氣，他依稀聞到了新疆的乾熱氣息，這裡正是當時的中俄邊界。二十天後，伯希和一行人站在了新疆喀什的土地上。喀什氣候乾燥，但依然擋不住人類的腳步，更擋不住伯希和內心的喜悅。

第一次在中國新疆的土地上駐足，伯希和內心既開心又迷茫。他不為自己和當地的語言交流而困惑，也沒有被這裡乾燥炎熱的嚴酷天氣而征服，只是為接下來的考察與挖掘工作而苦惱。伯希和擔心斯文·赫定和斯坦因等人，已經把喀什的所有文物寶藏一件不剩都搬運到了瑞典和英國。自一八九七年以來，喀什的每寸土地都已被接踵而來的各國探險使團的足跡所占領，被運走的珍貴文物寶器不計其數。伯希和似乎感到腳下的土地只是一塊空殼，他感覺自己來晚了，法國人來晚了。

喀什是古絲綢之路上的重鎮。地形封閉，三面環山，東部有舉世聞名的塔克拉瑪干沙漠，氣候乾燥，降雪和降雨量稀少。在夏季冰雪融水之際，綠洲的面積稍多，當地百姓也就生活在綠洲周圍，這裡土地肥沃，但面積有限，瓜果豐收香甜。伯希和等人看到這個氣候的特點之後，也慢慢掌握了當地的生活習性，這是任何一個探險家都要適應的過程。

一九〇六年冬天的一個早晨，在喀什郊區一個山口（當地稱綠洲河口）的古炮台的地底下，伯希和正在挖掘。他勉強挖到二十多公分深度時，一件古物的稜角出現在他的視線裡，他驚呆了，簡直不敢相信自己的眼睛：那是一卷在地底下封凍、埋藏了近十個世紀的簡牘，經受風霜雪雨的摧殘，依然完整保存到現在。這是伯希和在喀什獲得的第一件寶物，他愛不釋手，隨即在附近做了大量的研究和考察。這件寶物的發現，使伯希和等人信心百倍。伯希和在出發之前，就想發掘和尋找中亞一帶在伊斯蘭教時代的佛教遺蹟，但令他萬萬沒有想到的是，世界上發家最晚的伊斯蘭教，到了十一世紀左右才征服中國新疆喀什地區，而早期的佛教徒才是這裡世世代代的原生居民。簡牘寶物的出現，讓他們對這片土地看到了希望，以至於他們的足跡從喀什到庫車，再到烏魯木齊，再到敦煌這片土地，最後經過西安、鄭州到達了首都北京。

一九〇七年一月，伯希和一行北上抵達了阿克蘇地區庫車縣，八個月的時間都在這裡考察與學習，這是他們停留時間最長的地方。踏上這片土地時正值冬季深寒季節，隊員水土不服，幾乎都凍得喘不過氣，但經過各種努力，他們度過了最艱難的兩個月。春天的腳步近了，他們臉上也露出了笑容，漸漸地也愛上了這片土地。他們對此地心生眷戀，一個原因是庫車當地的古建築「千佛洞」（又稱明屋）的著名佛家壁畫群。庫車千佛洞窟群數量亦較多，沒有一個西域探險家不來這裡觀摩與挖寶；另一個原因是他們的安全感使然，當地的知州府衙對伯希和等人異常順從與遷就。由於先前的德俄等探險家已經將這裡洗劫一空了，伯希和也深感懊悔，他的目標只好對準遺落的僧伽藍了。但伯希和很有耐心，挖地三尺也要找到殘垣瓦礫。上帝最終還是傾心他，透過不辭艱辛「深挖洞」，報酬依舊很豐厚：一大批木雕、印刷品、錢幣和寫本等，都原封不動被他們收於馬車上。

他們抵達烏魯木齊，是在九個月後的秋季，首府的政要官員對伯希和一行的到來異常驚訝和歡迎。因為通關文書上寫的是關於法蘭西西域探險的政府文牒，當地官員迫於壓力表示歡迎並無可厚非，但是在接下來的三個月時間，伯希和驚人的學識征服了當地的大多數政客要員。英語、俄語、維吾爾語和漢語信手拈來，在與各國使節交流過程中，伯希和以一當十，為他們的團隊獲得了前所未有的「尊嚴」；尤其是新疆省份的布政使大臣，還得依靠他們的團隊所測繪的天文數據，編寫自己省份的地理學著作。在烏魯木齊，伯希和無意中碰到了自己的舊識，原廣西提督蘇元春和「老敵人」瀾國公（一九〇〇年義和團首，端郡王載瀾，係載漪弟弟），《辛丑條約》之後，他們幾乎同時被流放到這裡。伯希和感慨時光荏苒，曾經的老交情和「老敵人」，都被時間的腳步磨平了傷痕。短暫的三個月之後，伯希和等人也開始了新的征程。

伯希和已經對中國的習俗了解得差不多了，行走在中國的土地上，說著一口流利的漢語，不再有生活和習俗上的恐懼。但在行經敦煌的途中，伯希和一行對安全的擔心依然沒有減弱。他知道自己是來探險的，更知道自己的使命不僅僅是探險，他們更肩負著法國西域探險委員會交付與他們的掠奪任務；而敦煌，中國西部的佛家文化聖地，是伯希和這次探險的重中之重。他在普熱瓦利斯基（Nikolay Przhevalsky）、克雷特納、博安以及斯坦因那裡，了解到敦煌東南角有一大片石窟群，伯希和一心惦記著這片石窟群。斯坦因等人使得敦煌莫高窟這個世界上最大的藏經洞享譽海內外。此後，莫高窟一直都被一群群國外的「狼群」惦記，伯希和也毫無顧忌這樣稱呼包括自己在內所有來敦煌的盜寶者。

伯希和是繼斯坦因之後，真正意義上到達莫高窟的第二大探險家，他也感嘆自己沒能先於斯坦因等人到達這裡，但是如果沒有斯坦因等人將莫高窟公之於世，他也無從知道敦煌的祕密。早幾個月在烏魯木齊的時候，瀾國公載瀾就贈送了一本小冊子給伯希和，這個小卷冊子正是出自敦煌千佛洞的佛經寫本。伯希和帶在身上不時翻閱，內心急切想前往這個祕密聖地。到達敦煌莫高窟後，伯希和驚奇地發現，這個歷史上未曾遭受伊斯蘭教徒破壞的佛洞，並沒有想像中被損壞得那麼嚴重。他迫不及待開始研究，實際上早於他之前的探險家們，並沒有秋風掃落葉式一搶而光。伯希和也知道他們不可能把這個洞窟群裡成千上萬個經卷都搬運走。於是伯希和開始忙碌，他們最終沒有辜負法蘭西對他們的厚望，敦煌石窟為他們敞開了大門。

一九〇八年的夏季，伯希和終於打算離開敦煌了，雖然還有點依依不捨，他知道自己已經「酒足飯飽」了。伯希和隨後精密布置著這些運寶馬車，聯繫法國公使，一行同來的馬隊伴隨在公使的協助下，走在了返回法國巴黎的途中。隨後伯希和與瓦楊博士確定了向中國東部轉移和行進的路線，現在他們的任務是蒐集和探尋自然地理。一九〇八年七月，他們的足跡遍及西寧塔爾寺、武威涼州、古都西安和鄭州。十月，他們抵達了北京。自此，伯希和團隊的整個西域探險行程告一段落，途中相安無事，未放過一槍，隊友們平安回歸法國家鄉。

## 三、路遇王道士

三月，中國的北方一片清冷，草木乾枯，北風肆虐，敦煌市郊的隔壁沙漠上傳來一陣陣野狼的嚎叫。沒有雨，只有風和狼在應聲呼嘯著，一切都宛如沉睡在荒漠中的沙子，毫無生氣。

敦煌郊區的一座洞窟外，站著幾個人，莫高窟的龕窟門緊閉著，似乎好久沒有打開了。看護龕洞的道士王圓籙不知去哪了，灰塵瀰漫天空。伯希和探險團隊就住在了千佛洞外的兩棵棗樹下，沒過幾天，伯希和在敦煌城找到了王道士。王道士一聽有人打聽龕洞的藏經閣，十分高興。因為沒有人能更比他熟悉那個地方了，這幾天王道士也需要一筆錢，就毫不思索應允了伯希和的請求，伯希和自然是喜上眉梢，兩人一拍即合，達成了共識。確切來說，王道士是一個沒有文化的土道士，在這樣一個乾枯得沒有任何生機的洞窟裡，他沒有香油錢的收入，便答應了伯希和的要求。王道士不知道站在眼前的是什麼人，因為這樣的想見識藏經閣龕洞心切的西方男子，王道士不是第一次見了，一樁買賣生意，甚至說是一場沒有硝煙的掠奪，就這樣開始了。王道士是無辜的，他自己都不知道這個偌大的洞窟要看管到什麼時候，也沒有其他人願意給更多的日常管理費用了。

王道士應伯希和請求從敦煌返回莫高窟，由於走得匆忙，忘了帶洞窟鑰匙，王道士不得不返回敦煌城去取鑰匙。在這段時間裡，伯希和不知從哪裡得到了漢文與藏文的寫本，並打聽到了他的同行斯坦因之前的足跡。他內心已經想好如何從王道士手中獲取更多的經卷古書了，毫無疑問，他要和斯坦因一樣利用金錢來迷惑王道士的心。三月三日這天，伯希和終於等來了王道士，如願進入了夢寐以求的神龕洞窟。整個神龕從各個方向看上去都只有兩百五十公分左右，其周圍都布滿了一人高、兩三層厚的經卷。伯希和激動不已。八年中，來這裡淘金和挖寶的人不計其數，他曾一度認為這個龕洞的經書已經剩餘不多了；但時至今日，這個最偏遠的西部山洞裡，依然藏著舉世無雙的眾多寫本。伯希和怎麼都不敢相信眼前的一切，斯坦因等人雖然也光顧過這裡，但是並沒有把所有有價值意義的經卷全部帶走。伯希和心中竊喜，王道士沒有阻攔他對經卷的研究。因為王道士是一個熱衷於建築和修繕的老道士，對這些「破書殘卷」並沒有興趣，伯希和的「文明盜寶」行動由此真正展開了。

進入龕中的伯希和在狂喜之餘，便開始忙碌，擺在他眼前的是一堆龐大神物，幾個月甚至幾年他才能翻閱完畢。一大捆一大捆的經卷堆放在角落裡，經卷有漢文，也有藏文，甚至還有回鶻文字，寫本大多數是殘卷，有的經卷僅剩下一個大標題，正文殘缺不全。伯希和隨手拿了幾卷翻了翻，仔細一看，那上面記載的時間都在十一世紀以前。隨後，他又看到了一本貝葉裝式的婆羅米文經文和一部回鶻經文。伯希和無法掩飾內心的狂喜，這些古文物遺蹟寫本他從未看過。伯希和做了一個決定，他要大致研究一下全部藏書的類型和年限，他不想錯過眼前龕中任何一部有重要研究價值的文獻古卷，即使看不完也要全部打開，區分文獻性質，擺放整齊，以便於裝上馬車運送回國。

一天，王道士告訴伯希和，在一九〇〇年的一個晚上，一位神仙在夢中指引了龕洞密室的位置，醒來後他翻來覆去睡不著覺。幾天後他在修繕通往密室方向那條小道時，偶然間看到了密室的一個石碑。洞口一打開，就有些人把洞中的一批銅像覲獻給了地處甘肅的官吏們，因此洞中原有的一批銅像已經毫無蹤跡了。但伯希和依舊很興奮，後來在翻閱一卷冊子時，伯希和明白了為什麼還有這麼多的珍貴經卷文書存在：他找到的是一本光緒年間有關道教的刊印小卷，很久以前來敦煌進香的蒙古人，被允許翻閱這些藏文經卷，然而蒙古人對經書長卷毫不感興趣（事實上是根本看不懂），只對裡面的金銅器皿感興趣。後來到此地光顧的和尚們同樣如此，見沒有他們想要的寶物便揚長而去。伯希和雖然沒有見到銅像，但面對這些藏書經文，心裡比看到銅像還歡喜。他的老同行斯坦因也光顧過這裡，雖然伯希和不知道斯坦因會不會再來，但擺在面前的這些藏經文書灰塵厚得嗆人，這些藏書好像在八個多世紀之前就已經堆積在這裡了。伯希和懂漢語，也懂英文，但面前的經文仍有很多他不懂的地方。

伯希和陷入了憂愁與無奈，這裡有四十多卷婆羅米經卷、一百多葉貝葉經文書寫本、二十多種回鶻文殘卷，和其他數量巨大的珍貴文書，其中的回鶻文本，是這個世界上絕無僅有的稀世珍貴經文，數量非常之少，巴黎國家文物館中的這類收藏品還不到一指尖厚，而且也沒有一件是真正的回鶻文本。為了不放過任何一卷有價值的經書，伯希和索性把這個洞裡面成千上萬冊的寫本全部搬到了一行馬隊的馬車上了。之後，伯希和還在千佛洞的其他各個洞窟繼續精心搜尋著，甚至一片葉子都要看一下……同時，他在敦煌石窟筆記上也相應做著詳細的記錄。

即使伯希和日夜不停看這些文冊，也不能一一過目。幾個星期後，伯希和對藏經洞卷書完成了大致編目，精心挑選，獲得了有些經文的全部或其他經文的一部分，這些都是他覺得具有不可估量價值的寶藏。即使這樣，他仍然為西域和東亞其他國家樹立了「盜寶」榜樣，吸引了包括日本人橘瑞超和俄國人奧登堡（S.F.Oldenburg）等一大批奔向敦煌的各國學者，為他們留下了有待繼續蒐集的豐富文獻資料。就這樣，這位法國歷史上赫赫有名的盜寶者，獲得了比他起初渴望多十倍還不止的斐然成果。

這還不算結束，一九〇九年伯希和回到巴黎時，又帶回了一套中國考古物品和歷史文獻，包括古絲綢織品、古瓷器、古字畫和古文物等，這些不動一槍一炮獲得的「戰利品」，都原汁原味被藏進了巴黎國家圖書館和羅浮宮博物館。文明的「盜賊」，毫無疑問伯希和自己深知，但他為了不讓這些寶藏被糟蹋和流落其他盜寶者之手，他相信自己所做沒錯，至少他是尊重和崇拜這些文獻寶藏，他懂它們，知道它們該何去何從。

此後，絲綢之路上的探險家們，絡繹不絕趕往中國西部一個叫敦煌的地方，「盜寶」團隊都認為這個地方是世界文化遺產的搖籃，不去探個究竟，不「買走」幾車寶物，都是枉費此行。

發生的所有這一切並不是夢，這一切都源自中國清政府的風雨飄搖和無能，源自絲綢之路上這位膽大心細、「勞苦功高」，來自法國叫伯希和的敦煌文明「傳播者」。歷史的車輪滾滾向前，孰是孰非或許不那麼重要了，人類的文明可能注定在那個時代需要用這種特殊的傳播手段。但是無可厚非，受傷最深的，還是那個古老的中國。

電子書購買

爽讀 APP

國家圖書館出版品預行編目資料

風沙踏盡，絲路先行者的不朽功績：西出陽關無故人，徒留雪滿天山路 / 徐兆壽，金西源 著 . -- 第一版 . -- 臺北市：沐燁文化事業有限公司 , 2024.06
面； 公分
POD 版
ISBN 978-626-7372-55-5( 平裝 )
1.CST: 世界史 2.CST: 東西方關係 3.CST: 絲路
711 113006781

# 風沙踏盡，絲路先行者的不朽功績：西出陽關無故人，徒留雪滿天山路

臉書

**作　　者**：徐兆壽，金西源
**發 行 人**：黃振庭
**出 版 者**：沐燁文化事業有限公司
**發 行 者**：沐燁文化事業有限公司
**E-mail**：sonbookservice@gmail.com
**粉 絲 頁**：https://www.facebook.com/sonbookss/
**網　　址**：https://sonbook.net/
**地　　址**：台北市中正區重慶南路一段 61 號 8 樓
8F., No.61, Sec. 1, Chongqing S. Rd., Zhongzheng Dist., Taipei City 100, Taiwan
**電　　話**：(02) 2370-3310 **傳　　真**：(02) 2388-1990
**印　　刷**：京峯數位服務有限公司
**律師顧問**：廣華律師事務所 張珮琦律師



**定　　價**： 320 元
**發行日期**： 2024 年 06 月第一版
◎本書以 POD 印製